UNE SESSION

DES

ÉTATS GÉNÉRAUX

DE BOURGOGNE

A AUTUN EN 1763

PAR GABRIEL DUMAY

SECRÉTAIRE DE LA SOCIÉTÉ ÉDUENNE

AUTUN
IMPRIMERIE DEJUSSIEU PÈRE ET FILS
MDCCCLXXIX

EXTRAIT DES MÉMOIRES DE LA SOCIÉTÉ ÉDUENNE
(NOUVELLE SÉRIE), TOME VIII.

UNE SESSION

DES

ÉTATS GÉNÉRAUX DE BOURGOGNE

A AUTUN EN 1763

Avant 1789, la France était divisée, au point de vue administratif, en *pays d'Élection* et en *pays d'États*. Dans les premiers, la taille était arbitraire, tandis que dans les seconds, au nombre desquels se trouvait la Bourgogne, les députés délibéraient souverainement sur les demandes formées par le trésor royal.

Tous les trois ans, les représentants du clergé, de la noblesse et du tiers état de cette province, convoqués par le gouverneur, se réunissaient à Dijon, pour voter les impôts [1]. C'était l'occasion de divertissements et de fêtes auxquelles prenaient part les personnages les plus considérables du pays. La présence des princes de la maison de Condé, qui gouvernèrent pendant plus d'un siècle la Bourgogne [2], donnaient à ces réunions un éclat particulier.

---

1. Voir sur l'origine, les priviléges, les attributions et la composition intérieure des États de Bourgogne : Garreau, *Description du gouvernement de Bourgogne*, p. 293. — Courtépée, *Description du duché de Bourgogne*, n. édit., tome I, p. 324. — Beaune et d'Arbaumont, *la Noblesse aux États de Bourgogne*; Dijon, Lamarche, 1864, in-4°, p. LXI.—*Mémoires de la Société Éduenne*, n. série, tome V, p. 269.

2. Henri de Bourbon, prince de Condé, fut nommé gouverneur de Bourgogne en 1631 ; son fils, le grand Condé, lui succéda en 1646 ; Henri-Jules, en 1686 ; Louis, en 1709 ; Louis-Henri, en 1710, et Louis-Joseph, de 1740 à 1789.

1

Pendant la durée de chaque triennalité, c'est aux élus [1] qu'incombait le soin de répartir les impositions, de surveiller la gestion des deniers publics, la perception de la taille, en un mot toute l'administration de la province. Mais ces officiers, généralement étrangers aux questions d'intérêt public, confiaient la direction des affaires aux secrétaires des Etats, qui seuls en avaient l'expérience et la tradition.

L'année 1763 devait, comme de coutume, ramener à Dijon les Etats et leur somptueux cortége. On s'attendait à revoir le gouverneur, ce prince accessible à tous, populaire sans rien perdre de sa dignité, qui savait obtenir du patriotisme des Bourguignons, des secours pour notre marine ruinée, en même temps qu'il donnait à la religion, aux sciences et aux arts, des preuves non équivoques de sa protection éclairée. [2]

Mais cette attente fut trompée et l'étonnement parvint à son comble lorsqu'on apprit que le prince avait résolu de convoquer les Etats à Autun.

Quelle était donc la cause de cette détermination?

Le jurisconsulte Serpillon [3], le lieutenant général Anne-Paul de Fontenay [4], les registres du Chapitre [5], ceux de la

---

1. Chaque ordre nommait un élu ; le roi avait aussi le sien. Le vicomte-maïeur de Dijon, deux membres de la chambre des comptes, le trésorier général et les secrétaires en chef des États complétaient la chambre de l'élection.

2. C'est grâce à la puissante influence des princes de la maison de Condé que l'université de Dijon fut fondée en 1722, l'évêché en 1731, l'académie en 1740 et l'école des beaux-arts en 1767.

3. *Code criminel,* Lyon, Périsse, 1767, tome II, p. 1571.

4. Dans ses *Notes manuscrites,* qui appartiennent aujourd'hui à M. Prosper de Noiron, son petit-fils, et qui ont été si heureusement mises à profit par M. Harold de Fontenay dans *la Société d'Autun vers le milieu du dix-huitième siècle, d'après les mémoires de I.-M. Crommelin et autres documents inédits.* (*Mémoires de la Société Éduenne,* n. série, tome VI, p. 395.) Nous citerons entre guillemets, les extraits du journal de M. de Fontenay.

5. Arch. de la Soc. Éduenne. *Reg. capitulaires* de 1759 à 1764, fol. 1002 et suivantes.

chambre de ville [1] et de la compagnie de l'Arquebuse [2] d'Autun nous ont conservé les détails des cérémonies et des fêtes célébrées à cette occasion; ceux des Etats [3] nous font connaître les questions traitées pendant la session; mais nulle part on ne trouve la raison de cette anomalie. [4]

Crommelin, dans ses *Mémoires*, dit simplement que « le prince de Condé, mécontent de la ville de Dijon, ne voulut pas y tenir les Etats [5] »; *le Journal inédit*, de Jean-Baptiste Micault, professeur à l'université de cette ville, va nous révéler ce mystère. « Les Etats, dit-il, ont été tenus à Autun, par le prince de Condé, qui en a fait l'ouverture le 21 novembre. Les affaires des élus, de M. Varenne, et de M. d'Ogny, avec le parlement, ont été cause de cet évennement nouveau et singulier. » [6]

Pour étudier plus à l'aise les affaires auxquelles Micault fait allusion, transportons-nous par la pensée à Dijon, en l'an de grâce 1760; les événements nous ramèneront tout naturellement, à Autun trois ans plus tard, pour assister aux Etats.

---

1. Arch. municipales d'Autun. *Reg. de la ch. de ville*, vol. 69, de 1762 à 1765, fol. 43 et suivantes.

2. Arch. municipales. *Journal tiré du registre de la compagnie de l'Arquebuse, de ce qui a été fait par les chevaliers de ladite compagnie à l'arrivée de S. A. S. Monseigneur le prince de Condé pour la tenue des États et pendant son séjour à Autun.*

3. Arch. de la Côte-d'Or, C. 3022. *Registre des décrets des États.*

4. La Société Éduenne eut l'heureuse idée de célébrer le centenaire des États en tenant, le 29 novembre 1863, une séance dans laquelle M. Anatole de Charmasse rappela, d'après Serpillon, les principales circonstances de cet épisode important de l'histoire d'Autun. C'est donc à lui que revient l'idée première du travail que nous publions aujourd'hui. (V. *Annales de la Société Éduenne*, 1862-1864, p. 176.)

5. *Mém. de la Soc. Éduenne*, n. série, t. VI, p. 428.

6. Ce manuscrit, qui nous appartient, renferme de précieux renseignements sur l'histoire de Dijon et de la Bourgogne de 1742 à 1774; il est peu de faits intéressants qui ne soient rapportés, au moins brièvement, et accompagnés de judicieuses réflexions sur leurs causes et leurs conséquences.

I. *L'affaire Varenne.* — Par un édit du mois de février 1760, Louis XV avait établi dans toute la France un troisième vingtième [1]. Le parlement de Dijon, qui était en même temps la cour des aides de la province [2], et qui réunissait ainsi, sous son autorité, la justice souveraine et le contrôle des impôts, fit à ce sujet des remontrances fondées sur la misère du peuple et la multiplicité des charges déjà subsistantes. La cour y répondit par des lettres de jussion. A de secondes remontrances, plus pressantes que les premières, succédèrent de nouveaux ordres qui demeurèrent sans effet. Au mois d'août, le parlement en reçut de troisièmes, conçus dans des termes plus rigoureux, accompagnés de lettres patentes qui prolongeaient le service durant le temps ordinaire des vacations. On enregistra les lettres de prolongation de service, en arrêtant derechef que le roi serait supplié de retirer son édit de février.

Au milieu de cette lutte, Jacques Varenne [3], secrétaire en

---

1. Sorte d'imposition établie sur les biens fonds et qui était la vingtième partie de leur revenu.

2. La cour des aides était une compagnie souveraine instituée pour juger en dernier ressort tout procès, tant civil que criminel, au sujet des aides, gabelles, tailles et autres matières du même genre. Dans l'origine, la cour des aides de Paris était unique et son ressort s'étendait à toute la France ; on en créa plus tard quatre autres, qui avaient leurs siéges à Montpellier, Bordeaux, Clermont et Orléans ; outre ces cinq cours, plusieurs autres étaient unies à un parlement, comme à Dijon, ou à une chambre des comptes.

3. Jacques Varenne, né à Dijon en 1701, fut destiné par son père au barreau et se fit inscrire au tableau de l'ordre des avocats en 1721. Il se distingua bientôt, fut, en 1729, choisi comme conseil par les États de Bourgogne et nommé, en 1734, directeur de l'université de Dijon, et subdélégué général de l'intendance en Bourgogne et Bresse. En 1750, l'une des places de secrétaire en chef des États étant venue à vaquer, il l'exerça par commission et, deux ans après, sur la demande même des élus, il fut nommé secrétaire en troisième. Forcé plus tard de se démettre de sa charge, la protection du prince de Condé lui fit obtenir celle de receveur général des finances de Bretagne. Il mourut à Paris en 1792. (*La famille Varenne de Fenille,* par Albert Albrier, n. édit. ; Bourg-en-Bresse, Grandin, 1877, in-12, p. 15 et suivantes.)

chef des Etats de Bourgogne, « homme d'un mérite supérieur à sa place, mais un peu vain, haï de plusieurs pour la prépondérance même qu'il s'était acquise dans la chambre des élus de la province [1] », transigea, sous le nom de ces officiers et par forme d'abonnement, sans autorisation des Etats, sur ce troisième vingtième repoussé par le parlement.

Postérieurement à cette transaction, de quatrièmes lettres de jussion intervinrent et l'impôt fut enfin accepté, avec quelques modifications assez sages. Mais, quand il s'agit d'entériner les lettres patentes, qui seules pouvaient donner à l'abonnement force légale, le parlement fut surpris d'y trouver une date antérieure à l'enregistrement de l'édit, et de voir que Varenne avait traité, avec le contrôleur général des finances, d'un impôt dont l'existence était encore incertaine. On tenta en vain de faire réformer cette date; il devint manifeste que l'abonnement ainsi conçu était un expédient imaginé par les ministres pour se passer désormais de l'enregistrement parlementaire. [2]

On comprend la gravité d'une pareille innovation faite au nom des élus qui étaient de simples économes des deniers de la province. Aussi, le 10 février 1761, en homologuant les lettres patentes qui consacraient l'abonnement prématuré (il avait été conclu en août 1760), le parlement fit défense aux élus de traiter à l'avenir sur aucun impôt non enregistré.

Varenne, au nom de la chambre de l'élection, déféra cet arrêt au conseil des finances et soutint, dans un premier et remarquable mémoire, au mépris de tous les principes et de tous les faits, que, dans l'intervalle des sessions, les élus pouvaient tout ce qu'auraient pu les Etats assemblés, et sans aucune communication préalable au parlement; l'arrêt du

---

1. Foisset, *le Président de Brosses*, histoire des lettres et des parlements au dix-huitième siècle; Paris, Olivier-Fulgence, 1842, in-8°, p. 202.

2. Id. *Id*.

10 février et deux autres, empreints du même esprit, furent cassés le 27 octobre 1761. [1]

A cette nouvelle, Dijon s'émut ; le 8 janvier 1762, les Chambres assemblées adressèrent au roi une protestation mesurée, mais énergique, laissant prévoir une cessation du service ordinaire en cas de déni de justice ; cette protestation étant demeurée sans réponse, elles arrêtèrent des remontrances et déclarèrent qu'elles resteraient assemblées jusqu'à ce qu'elles eussent réparation (1er février 1762). C'était suspendre, comme on le voit, l'administration de la justice. [2]

A de telles représailles, la cour répondit par un enregistrement militaire, contre lequel le parlement ne manqua pas de protester le lendemain, puis par un ordre du roi qui donnait à tous les magistrats Dijon même pour prison [3]. Ce singulier exil se prolongea près d'une année. (Lettres patentes du 1er mai 1762.)

Sans entrer dans tous les détails d'une lutte qui, à travers des fortunes diverses, dura plus de deux ans, nous devons cependant en signaler les principaux incidents.

---

1. « Par arrêt du conseil du mois d'octobre 1761, le roy, sur la requête des élus des États de Bourgogne, a cassé les modifications que le parlement avoit insérées dans trois arrêts d'enregistrement d'édits et lettres patentes au sujet du troisième vingtième ; cet arrêt a été imprimé, signifié au parlement et affiché par tout Dijon ; le parlement s'est trouvé offensé de ces significations et affiches et de plusieurs termes peu ménagés contenus dans la requête des élus, et a résolu de demander justice au roy. En conséquence grandes brouilleries entre le parlement et les élus. Assemblées de toutes les chambres, les 22 décembre 1761, 8 janvier et 1er février 1762. » (Micault, *Journal inédit*, p. 47.)

2. « De ce jour, toutes les fonctions du palais ont cessé de la part des avocats, procureurs et même des huissiers qui ont voulu s'en mêler. Grande désolation à Dijon. » (Micault, *Journal inédit*, p. 48. — *Le président de Brosses*, p. 208.)

3. « MM. du parlement ont reçu des lettres patentes qui leur ont fait très expresses défenses de sortir de Dijon pendant les féries de Pentecôte ; ce qui les a beaucoup grevé. » (Micault, *Journal inédit*, p. 49. — *Le président de Brosses*, p. 209.)

Les élus de 1760 [1] furent facilement entraînés à soutenir les démarches de Varenne, qui eut le tort de faire réimprimer à Lyon son *Mémoire pour les élus généraux du duché de Bourgogne* [2] et de le faire précéder d'une préface assez maligne, dans laquelle il signalait cette pièce comme faite pour survivre aux circonstances. L'ouvrage, inattaquable jusque-là comme mémoire judiciaire, devenait un livre ordinaire, justiciable des tribunaux. Le parlement se hâta d'informer. « Tandis qu'on négociait pour tâcher de pacifier, dit Micault, le 30 et le 31 décembre 1761, on distribua dans toute la ville un écrit imprimé et intitulé : *le Parlement outragé*, dans lequel tous les élus étaient un peu maltraités, et M. Varenne père très vivement outragé et injurié. Cet incident réchauffa les esprits; le 29 janvier, l'imprimeur Hucherot, soupçonné d'avoir imprimé ce libelle, fut enlevé par ordre du roy, par un huissier de la chaîne, un exempt et un inspecteur d'imprimerie, qui firent perquisition chez lui, le mirent dans une chaise de poste et le conduisirent à la Bastille. Hucherot ayant déclaré que c'était M. Joly de Bévy, conseiller au parlement [3], qui luy avait remis le manuscrit du libelle, M. Joly de Bévy entra au

---

1. Claude-Marc-Antoine d'Apchon, évêque de Dijon ; le comte de Vienne, seigneur de Châteauneuf, et Claude Gouget-Duval, maire de Seurre.

2. *Mémoire pour les élus généraux des États du duché de Bourgogne contre le parlement-cour des aydes de Dijon,* où l'on établit les priviléges et les anciens usages de la province concernant les impositions en général et par rapport aux cottes d'office et aux rôles d'office ou nouveaux pieds de taille en particulier, par M. V. S. E. C. D. E. D. B. (M. Varenne, secrétaire en chef des États de Bourgogne), seconde édition, augmentée de quantité de pièces intéressantes. A Paris, MDCCLXII. (A Lyon, de l'imprimerie de Jacques Buisson, place des Cordeliers.)

3. Louis-Philibert-Joseph Joly de Bévy, chevalier, né à Dijon le 23 mars 1736, de Joseph Joly, seigneur de Bévy, Boncourt, Flagey et la Berchère, président à la chambre des comptes de Bourgogne et Bresse, et de Marie Portail, fut reçu conseiller au parlement de Dijon le 18 janvier 1755, et président le 13 février 1777. Il mourut en cette ville le 21 février 1822. « Il est singulier, dit Micault, p. 49, qu'après cette aventure M. de Bévy soit devenu président à mortier, et en quelque façon le chef de sa compagnie. »

parlement le 3 mars 1762 et déclara aux chambres assemblées, qu'il était seul l'auteur du libelle, leur fit un très beau discours [1], en leur remettant les provisions de sa charge et sa démission pure et simple entre les mains du roy; MM. du parlement envoyèrent le tout en cour.

» Le 15 mars, M. Joly de Bévy fut enlevé à peu près de la même manière que Hucherot, par un huissier de la chaîne, porteur d'une lettre de cachet et fut conduit à la Bastille. » [2]

Cependant, par arrêts du 7 juin suivant, le parlement ordonna que les deux éditions du mémoire de Varenne seraient brûlées par la main du bourreau, « ce qui fut exécuté à midi sur le perron du palais. » [3]

Le 12 du même mois, un arrêt du conseil, rendu sur la requête des élus, cassait ceux du parlement et lui faisait défense d'en rendre de pareils à l'avenir.

Le 24, M. de Damas d'Anlezy, commandant de la province, accompagné d'un huissier de la chaîne, fit signifier l'arrêt du conseil au procureur général [4] et au greffier du parlement, puis le fit afficher le 25, avec six fusilliers. [5]

Tandis que la guerre de plume continuait et que le parlement, dans un écrit fort clair, rédigé par le conseiller Guenichot de Nogent [6], se justifiait par le seul récit des faits,

---

1. Publié par M. Foisset. *Le président de Brosses*, p. 212.

2. Micault, *Journal inédit*, p. 49.

3. *Id.*, p. 50.

4. Louis Quarré de Quintin, conseiller du roi en ses conseils, fut pourvu de l'office de procureur général au parlement de Bourgogne en survivance à son père, le 18 avril 1724. Il résigna entre les mains de Bernard-Étienne Pérard, qui fut reçu le 11 mars 1763. Il est permis de supposer que les difficultés auxquelles était en butte le parlement ne furent pas étrangères à cette résignation.

5. Micault, *Journal inédit*, p. 50.

6. Jacques-Philibert Guenichot de Nogent, né le 30 juin 1736, mort le 10 mars 1794, était fils de Barthélemy Guenichot, avocat au parlement, et d'Anne-Thérèse Garrelot. Il fut reçu conseiller laïc au parlement de Bourgogne, le 18 juillet 1757.

Varenne lançait un nouveau mémoire ; le parlement fit brûler cette réplique de son adversaire, mais en faisant précéder son arrêt d'une réfutation détaillée, ouvrage du conseiller Lebault[1], qui fut accueillie avec enthousiasme. La popularité était du côté du parlement.

Aussi bien, la cour n'abandonnait pas son protégé. Non-seulement elle faisait casser un arrêt de la cour des aides[2] qui avait condamné au feu le premier mémoire de Varenne, mais encore celui du parlement de Dijon qui prononçait la même peine contre le second. De son côté, le prince de Condé obtenait pour lui le cordon de Saint-Michel.

Tandis que cette distinction fournissait aux amis du secrétaire en chef des Etats l'occasion de publier une fastueuse estampe[3] contenant des allusions insultantes pour le parlement, on trouvait, un matin[4], « à la place Saint-Fiacre[5], un placard scandaleux et infâme, dans lequel M. Varenne et

---

1. Antoine-Jean-Gabriel Lebault fut conseiller laïc au parlement de Bourgogne du 28 avril 1728 jusqu'à sa mort, arrivée en 1778.

2. La cour des aides de Paris, qui avait sous sa juridiction les comtés de Mâcon, d'Auxerre et de Bar-sur-Seine, annexes de la province de Bourgogne, et par conséquent soumis à l'exercice du pouvoir que s'attribuaient les élus, était directement attaquée dans le mémoire de Varenne.

3. Cette estampe représentait une colonne en forme d'obélisque qui soutenait une Minerve dont le bouclier portait les armes de la province. Au bas de la colonne étaient celles de Varenne, entourées du cordon de Saint-Michel avec cette légende : *Præsenti tibi maturos largimur honores*. Aux deux côtés de ses armes se voyaient deux figures : l'une était le Patriotisme tenant un dieu lare ; l'autre une Justice tenant une balance, tournant le dos au Patriotisme ; les flancs de la colonne étaient garnis de quatre médaillons : le premier représentait une maison et un soleil avec cette devise : *Scandit fastigia virtus* ; le second, un lion avec cette devise : *Proludit in hostem* ; le troisième une ruche environnée d'abeilles et la reine des abeilles au dessus, avec cette devise : *Regnum mucrone tuetur* ; la quatrième, un jeune léopard terrassé par un lion avec cette devise : *Sternit et parcit*. (Note au bas des remontrances du 7 juillet 1762, par le conseiller Maîteste.)

4. Le 26 juin 1762.

5. Aujourd'hui rue Vauban.

M. de Saint-Florentin (secrétaire d'Etat des lettres de cachet), étoient représentés pendus, et MM. de Vienne et Varenne fils, assistans à la potence, avec leurs noms au bas. » [1]

En même temps, on faisait circuler ce quatrain, attribué à un membre du parlement :

> Ce cordon, fruit de l'injustice,
> En flattant ta témérité,
> Te prépare, hélas ! un supplice
> Que tu n'as que trop mérité. [2]

De nouvelles négociations furent entamées, et grâce à la médiation de Molé, premier président au parlement de Paris, elles parurent prendre une tournure favorable à la magistrature. On finit par tout concilier, en accordant, d'ailleurs, assez peu de chose au parlement.

Saint-Florentin donna l'assurance à cette compagnie que les élus ne se prévaudraient pas des arrêts du conseil rendus en leur faveur, « protestant, d'ailleurs, au nom du roi que jamais l'intention de Sa Majesté n'avait été qu'aucunes impositions pussent être levées dans sa province de Bourgogne, qu'elles n'eussent été autorisées par des édits enregistrés suivant l'usage le plus constant. » [3]

Le parlement se déclara satisfait et reprit son service en vertu des lettres de jussion qui lui ordonnaient de rentrer dans ses fonctions ordinaires et levaient les défenses de sortie de la ville. [4]

Ces lettres furent enregistrées le 28 février 1763 et le lendemain, le parlement fit célébrer à la Sainte-Chapelle une messe en musique à laquelle il assista en robes rouges, comme pour la rentrée de la Saint-Martin.

---

1. Micault, *Journal inédit,* p. 50.
2. Collection du prieur Violet.
3. M. de La Cuisine, *le Parlement de Bourgogne,* 2e édition, tome III, p. 234.
4. Défenses portées par les lettres patentes du 1er mai 1762.

Les fêtes données à cette occasion durèrent quinze jours et furent célébrées avec un éclat qui ressemblait à un triomphe sur la royauté; les boutiques restèrent fermées toute la journée, et le soir les Dijonnais manifestèrent leur joie en illuminant leurs maisons, en allumant des feux de joie et en lançant des fusées; le 5 mars, la comédie fut jouée gratis, et le 6 « des particuliers en voiture, accompagnés de trompettes, coururent la ville et allèrent chez tous les présidents qui ont jeté de l'argent au peuple. » [1]

Ce même jour, il y eut illumination de toutes les maisons et beaucoup de repas dans les rues ; on avait dressé des loges de bois, garnies de guirlandes, emblêmes, devises, lustres, où l'on dansait au son du hautbois et du tambour, au milieu d'un grand concours de gens de tout état. [2]

Six semaines plus tard, le 12 avril, le parlement reçut de nouvelles lettres des ministres contenant des éloges sur sa conduite. Les considérants de l'arrêt d'enregistrement portent que le roi ayant rendu à cette compagnie une pleine et entière justice, il en sera remercié.

Le parlement fut, à cette occasion, complimenté par toutes les compagnies et de nouvelles fêtes, plus brillantes que les premières, furent célébrées dans toute la ville. [3]

---

1. Micault, *Journal inédit*, p. 53.

2. Id. *Ibid.* Micault ajoute encore : « Le lendemain 7, les rôtisseurs ont donné un régal et fête avec illumination et ont fait chanter une messe et un *Te Deum* ; les chevaliers de l'Arquebuse se sont régalés et ont donné un bal dans la salle de leurs exercices ; le même jour, chansons imprimées et distribuées avec permission du maire, vendues dans toute la ville : *Vive le roi et le parlement !* »

3. « Le 13 avril, un char magnifique et très élevé s'est promené pendant toute la journée par toute la ville ; il étoit chargé de douze enfants très proprement habillés, d'autant de joueurs d'instruments, habillés de rouge, chargé d'emblêmes et d'inscriptions, et attelé de six chevaux gris pommelé ; cinquante bourgeois habillés de rouge, à cheval, l'épée nue à la main, le précédoient avec timbales, trompettes et guidon. Le soir, ils ont soupé au jeu de paume de la porte Guillaume, qui étoit préparé pour cela ; j'y ai

On vit bientôt que cette réconciliation entre la cour et les compagnies offensées n'avait rien de sincère. Des lettres patentes du 5 avril 1763 déclarèrent innocent le mémoire de Varenne et mirent à néant les procédures dirigées contre lui. Mais la cour des aides refusa l'enregistrement de ces lettres comme surprises à la religion du roi et lança contre Varenne un décret de prise de corps. Le ministère, fatigué de cette lutte, délivra à son protégé des lettres d'abolition régulières : Varenne se constitua prisonnier et subit à genoux et tête nue, la lecture de ces lettres, après quoi le président de Malesherbes lui adressa ces sévères paroles : « *Varenne, le roi vous accorde des lettres de grâce, la cour les entérine. Retirez-vous, la peine vous est remise, mais le crime vous reste.* »

Cependant le prince de Condé, peu sympathique aux empiétements parlementaires, n'avait cessé, dans toute cette lutte, de témoigner à Varenne « la satisfaction extrême qu'il ressentait de la manière dont il avait soutenu les intérêts de la province contre les entreprises du parlement [1], » et plus tard, quand l'obstination de ce corps eut triomphé de l'autorité royale, il lui témoigna son affection en lui envoyant son portrait [2]. Enfin, quand les offices de secrétaire en chef des Etats

---

compté 67 couverts ; il étoit tapissé et illuminé en dedans par des lustres, bras et pots à feu ; au dessus et en dehors par des pots à feu avec fontaines de vin et danse pour le peuple au hautbois et tambour ; il y avoit à la porte une barrière avec tourniquet et une garde d'invalides.

» Sur les dix heures du soir, une galerie attenante au jeu de paume, surchargée par ceux qui y passoient, est tombée ; il y a eu une vingtaine de personnes, au moins, blessées plus ou moins, entre autres M. Roy, avocat, et Mademoiselle sa fille ; le sieur Barice et sa femme, le sieur Guillemot, orfévre, un invalide a eu la jambe cassée, une femme, la jambe et la cuisse cassées ; je ne crois pas qu'il y ait eu personne tué, ny mort de ses blessures. » (Micault, p. 55.)

1. Lettre du prince de Condé à Varenne, du 9 novembre 1762, citée par Albrier, p. 19.

2. Voici le billet qui accompagnait cet envoi, il est daté de 1785 et cité par M. de La Cuisine, tome III, p. 240 :

de Bourgogne furent supprimés, la protection du prince lui procura la charge de receveur général des Etats de Bretagne, avec survie pour son second fils. [1]

On comprend maintenant que le prince de Condé eût un certain ressentiment contre les Dijonnais et que la convocation des Etats à Autun fût une dernière manifestation en faveur de Varenne.

II. *Les préparatifs.* — C'est au milieu d'une société toute de plaisirs, qui passait son temps en dîners, en concerts, en bals, en promenades, en parties de pêche ou de chasse, que fut tout à coup répandue cette nouvelle : Les Etats sont convoqués à Autun, le prince de Condé doit les tenir en personne ! [2]

On ne saurait douter que le glorieux passé civil et religieux de cette cité, la seconde de la province, la commodité de ses monuments publics [3], et surtout la dignité de son évêque, président né et perpétuel des Etats de Bourgogne, n'eussent eu une grande influence sur le choix du prince.

Ce n'était pas, d'ailleurs, une chose de mince importance que cette nouveauté; aussi, dès le 3 octobre, le vierg, Tous-

---

« C'est avec un grand plaisir, Monsieur, que je vous envoie mon portrait ; l'attachement que vous m'avez toujours montré, le zèle avec lequel vous vous êtes occupé, dans tous les temps, des affaires d'une province à laquelle je prends le plus vif intérêt, m'ont engagé à vous donner cette preuve de ma reconnaissance, et vous devez compter que, dans toutes les occasions, je serai heureux de vous marquer l'affection que j'ai pour vous.

» Signé : LOUIS-JOSEPH DE BOURBON. »

1. M. de La Cuisine, *le Parlement de Bourgogne*, t. III, p. 241. Varenne reçut en outre des élus un don magnifique en vins d'honneur et, plus tard, deux vases d'argent aux armes de Bourgogne et en valeur de deux mille écus. (Id. *ibid.* — Albrier, *la famille Varenne de Fenille,* p. 21.)

2. « Mercredy, 28 septembre 1763, nouvelle de la tenue des États. »

3. Les Jésuites (aujourd'hui le collége) qui servirent de palais aux États ; l'Évêché, où logea le prince de Condé ; le Séminaire hors la ville, où furen reçus les prélats de la province, etc.

saint Roux, réunissait-il la chambre de ville, pour lui donner officiellement connaissance des lettres du roi qui fixaient la date de l'ouverture des Etats, au lundi 21 novembre suivant.

En voici la teneur :

DE PAR LE ROY.

Chers et bien amés, ayant estimé à propos de faire tenir la présente année les Etats ordinaires de notre pays, duché de Bourgogne et comtés d'Auxerre et de Charollois y joints, et iceux convoquer en notre ville d'Autun, au vingt et un^{eme} jour de novembre prochain, nous vous faisons cette lettre pour vous donner avis et vous dire que vous ayiez à y faire trouver et assister, ainsi qu'il est accoutumé, des gens affectionnés au bien de notre service et à celuy des dits pays et capables de traiter et arrêter ce qui sera proposé pour l'un et pour l'autre, tant de notre part que de celle de nos sujets des dits pays ; sy n'y faites faute. Car tel est notre plaisir.

Donné à Versailles, le 5º jour de septembre 1763

Signé : LOUIS.

Et plus bas : PHÉLIPPEAUX. [1]

Le 4 octobre, les vénérables de l'église cathédrale reçurent communication de lettres semblables [2] et, à partir de ce moment, chacun fit du mieux qu'il put, pour le service du roi, la réception du prince et pour préparer Autun au rôle éphémère et néanmoins enviable de capitale de la province.

Tandis que le syndic du Chapitre était chargé de demander à Dijon les détails du cérémonial suivi en pareille circonstance [3], le maire d'Autun se rendait lui-même en cette ville pour conférer avec l'intendant et le commandant sur le même

---

1. Arch. municipales d'Autun. *Reg. des délib. de la chambre de ville,* vol. 69, fol. 56.

2. Arch. de la Société Éduenne. *Reg. capitulaires* de 1759 à 1764, fol. 967.

3. *Id.* fol. 967.

sujet [1] ; puis les notables [2] réunis en assemblée générale le 9 octobre, après avoir choisi un député [3] pour accompagner le maire à la tenue des Etats et soutenir conjointement avec lui les intérêts de la ville, autorisaient le procureur du roi syndic à emprunter les sommes nécessaires pour subvenir aux dépenses onéreuses que la cité allait être obligée de supporter. [4]

Le lendemain 10, la chambre de ville, comprenant la nécessité d'augmenter, dans l'intérêt d'une bonne police, le nombre

---

1. « Pour les frais de voyage de M. le maire d'Autun pour aller à Dijon conférer avec M. le comte de La Guiche, commandant de cette province, et M. l'intendant, au sujet de ce qui devait être fait par la ville pendant la tenue des États, 86 lt 19 s. (*Reg. de la ch. de ville,* vol. 69, fol. 63.)

2. « Furent présents : Toussaint Roux, maire ; Bouhéret, avocat ; Guillot, notaire ; François, médecin ; Mérandon, négotiant, tous échevins ; Delatroche, procureur du roi, syndic de la ville ; Bernard Moreau, avocat ; Pierre Changarnier, aussi avocat, conseil de la ville ; Dorothée Lamarre, licencié èz loix ; Pierre Gabin, notaire royal ; Antoine Lambert, notaire royal ; Jean Normand, marchand ; Antoine Maire, marchand ; Jacques Moreau, marchand tanneur ; Nicolas-Marie Chardanne, procureur ; Lazare Goudier, notaire royal; Jean-Antoine Romand, marchand, ancien juge-consul ; Jean Lambert, marchand ; Charles Poutreau, 1er huissier au bailliage, chancellerie et siége présidial ; Pierre Pothier, marchand chapelier ; Simon-François Blenne, premier huissier à la maîtrise des eaux et forêts ; maîtres Étienne Bauzon, avocat; Claude-Antoine Leseure, avocat ; Jean Pignot, notaire ; Hippolyte Brunet, marchand ; Claude Hallée, huissier à la chancellerie ; Mathias Delauneux, aussi huissier ; François Lebrault, maître paveur ; maître Claude Changarnier, notaire royal ; René Perdereau, marchand drapier ; Blaise Moret, marbrier. » (*Id.* fol. 37.)

3. Jean-Louis Bouhéret, reçu avocat le 5 mai 1746 à Dijon, et le 4 décembre 1759 à Paris, premier échevin, délégué aux États de 1763, décédé le 15 janvier 1787.

4. « Lors des États, M. le comte de Roussillon voulut bien prêter généreusement à la ville la somme de 6,000 livres, à charge que cette somme serait rendue le premier du mois de mai prochain. On les lui restitua avec 4,700 livres provenant du nouvel octroi accordé sur les boucheries, et 1,300 livres empruntées à Madame de Lagoutte, veuve de M. de Fontenay. » *Reg. de la ch. de ville,* vol. 69, fol. 63.)

de ses magistrats, nommait un troisième et un quatrième substituts du procureur du roi syndic. [1]

Ce fut la première de ces nombreuses mesures, si largement adoptées dans l'intérêt général, que nous allons rapidement examiner.

Et d'abord, les boulangers promirent tous, solidairement et par corps, de tenir leurs greniers suffisamment pourvus de grains dès les premiers jours de novembre et de farine dès le 12 du même mois, de manière à ce que le pain ne manque pas pendant les Etats. [2]

Les bouchers s'obligèrent aussi, sous les mêmes conditions, à fournir suffisamment de viande la ville et notamment la maison du prince. [3]

Enfin, les échevins, pour éviter la pénurie de bois de chauffage, chargèrent un sieur Racot d'en faire venir cent chars, l'autorisant, au besoin, à augmenter le prix du transport, afin

---

1. Antoine Lambert, notaire royal, et Nicolas-Marie Chardanne, procureur. (*Id.* fol. 37.) On fit également venir, et on conserva pendant tous les États, quatre sergents de ville d'Arnay-le-Duc, à raison de 40 sols par jour. Ils restèrent dix-sept jours à Autun; la dépense s'éleva à 136 livres. (*Id.* fol. 67.)

2. *Id.* fol. 38. — Par ordonnance de police en date du 13 octobre 1763, le prix de la livre de pain blanc fut porté à 7 liards, à partir du 19 du même mois; à deux sols du 3 novembre au 15 décembre. Pendant cette dernière période, les pains longs molets d'une livre coûtaient 2 sols un liard; une seconde ordonnance du 11 décembre réduisit le taux du pain blanc à 1 sol 6 deniers, et celui du pain bis à 1 sol la livre. *(Id. Ibid.)*

3. *Id.* fol 39. — Ils devaient fournir « des bœufs, veaux et moutons bien conditionnés et bien coupés; chaque bœuf qui sera tué pèsera au moins cinq cents; ne tueront que dans les tueries de la ville; ne laisseront jamais manquer la maison du prince, celle des élus, de Monseigneur l'intendant, de M. le premier président et de Monsieur d'Ogny; ne tueront que des moutons gras et point de brebis, etc. » En considération de cette promesse, le prix de la viande fut fixé, à partir du 12 novembre, à 5 sols 1/2 pour le bœuf et le mouton, et à 6 sols pour le veau. L'ordonnance de police du 11 décembre suivant réduisit le prix de la livre de bœuf, veau et mouton prise ensemble et par taux commun, à 4 sols six deniers. *(Id. Ibid.)*

d'engager les voituriers à circuler, malgré les glaces et les neiges. [1]

En 1763, les rues d'Autun n'étaient point encore éclairées pendant la nuit. Cependant, la chambre de ville, qui voulait à tout prix mériter les éloges de la province, et qui les obtint, fit part au Chapitre de son projet de placer, pendant la tenue des Etats, dans toutes les rues et même dans le cloître [2], une certaine quantité de lanternes, en lui proposant de contribuer à la dépense pour un dixième. Deux délégués du Chapitre [3] assistèrent à l'assemblée générale tenue à l'hôtel de ville ; mais, en définitive, ils refusèrent de concourir à la dépense, que la ville supporta tout entière. [4]

Cette compagnie accueillit mieux la demande qui lui fut adressée par le comte de La Guiche, d'accorder aux maire et échevins l'ancien réfectoire capitulaire [5] pour le transformer

---

[1]. La chambre de ville donna cent livres à Racot pour le dédommager de la perte qu'il éprouva sur la provision de bois. (*Id.* fol. 69.)

[2]. On appelait *le Cloître* la portion de la ville haute dans laquelle le Chapitre avait pleine juridiction comme seigneur haut justicier. « Pour marquer les limites de la justice claustrale de celle de la ville, dit M. H. Abord dans son *Histoire de la Réforme et de la Ligue dans la ville d'Autun*, tome I, p. 61, les chanoines avaient fait construire des portes et des portails qui séparaient les deux juridictions. Une de ces portes s'élevait près de la fontaine Chaffaud, vis-à-vis la rue Saint-Georges ; une autre dans la rue Saint-Quentin, au point de jonction des rues Dufraigne, Rivaux et Saint-Ladre ; une troisième dans cette dernière rue, près de l'ancien hôtel de Bretagne, à l'entrée de l'impasse actuelle du Jeu-de-Paume ; la quatrième près de la porte des Bancs ; enfin, la dernière se trouvait dans la rue qui descend de la place du Terreau à celle de l'Évêché. »

[3]. MM. Frémont, archiprêtre de Flavigny, et Lévitte.

[4]. *Reg. capit.* Délib. des 9 et 12 novembre 1763, fol. 984 et 989 ; *Reg. de la ch. de ville, Relation des États*, fol. 46. La ville a payé pour l'installation des lanternes et l'éclairage, 1332 livres 1 sol. (*Id.* fol. 66.)

[5]. Voir sur l'ancien réfectoire du Chapitre d'Autun, la *Notice* publiée par M. Bulliot dans les *Annales de la Soc. Éduenne*, 1862-1864, p. 151, et sur les diverses salles de spectacle de cette ville, une *Note* de M. Harold de Fontenay, insérée dans les *Mémoires* de cette même société, n. série, tome V, p. 516.

en salle de spectacle. Tout en reconnaissant que cette destination était contraire aux principes de leur état, les chanoines renvoyèrent purement et simplement les magistrats à s'arranger avec l'abbé Buffot, qui en était locataire et qui traita avec la ville. [1]

La salle fut distribuée fort commodément, sur le modèle

---

[1]. *Reg. capitulaires,* fol. 973 et suiv. Voici la correspondance qui fut échangée à ce sujet entre le comte de La Guiche et le Chapitre :

« Je reçois dans l'instant, Messieurs, une députation de la part de MM. les maire et échevins de votre ville, pour m'engager à vous inviter de leur accorder *un ancien réfectoire* qui ne sert, depuis plusieurs années, que pour des magasins dont jouit l'un de vos messieurs. Comme ils ont dessein de faire pour S. A. S. tout ce qui pourra luy être agréable, vous me ferez plaisir de leur rendre ce service, d'autant qu'il ne tire à aucune conséquence et que je ne le laisserai point ignorer à S. A. S. J'ai chargé aussi M. le maire de votre ville de faire accomoder *le jeu de paume* et de le tenir en état, parce que souvent il arrive que le prince en fait son amusement. Je suis persuadé, Messieurs, que, faisant le premier corps de la ville, vous concourrez de votre mieux pour remplir leurs objets. Je dois me rendre à Autun quelques jours avant l'arrivée de S. A. S. Je me propose de vous faire mes remercîments de ce que vous aurez fait dans cette occasion.

» Je suis bien sincèrement, Messieurs, votre très humble et très obéissant serviteur.

» LA GUICHE. »

S'ensuit la teneur de la réponse à la susdite lettre :

« Monsieur, nous vous prions d'être persuadé que le général et les particuliers du Chapitre désirent vivement de vous plaire et de concourir à tout ce qui peut prouver leur amour et leur soumission pour le prince, que nous espérons posséder au milieu de nous. Nous vous avouons, Monsieur, que la demande de MM. les officiers municipaux de votre ville au sujet de notre ancien réfectoire, a paru contrarier les principes de notre état ; il est vray que ce bâtiment, contigu à la cour de l'administration temporelle de notre chapitre, est loué à un de nos confrères qui en est le maître. MM. les magistrats pourront s'arranger avec lui et, en ce cas, nous respecterons vos ordres dans l'invitation qu'il vous a plu nous faire.

» *Les doyen, chanoines et Chapitre de l'Église d'Autun,*

» BOUDRY, chanoine et syndic d'Autun.

» Et plus bas : NECTOUX, secrétaire.

» Le chapitre a communiqué à MM. les magistrats les sentiments dont il a l'honneur de vous faire part. »

des plus nouvelles, avec deux rangs de loges [1]. Les deux premières étaient tapissées très proprement ; sur l'une d'elles, destinée au prince, étaient peintes ses armes ; sur l'autre, celles de la ville. Le plafond et les autres loges étaient également ornés de peintures [2]. Quant aux décorations de la comédie, on les fit venir de Dijon. [3]

Le jeu de paume, « l'un des plus beaux du royaume, » qui avait été acheté vingt ans auparavant de l'avocat Bouhèret [4], fut également mis en état sur la recommandation du commandant en chef de la province, « parce que, disait-il, souvent le prince en faisait son amusement. » [5]

Enfin, deux fois, pendant la durée des Etats, on tira un feu d'artifice. [6]

La vigilance de l'administration ne négligea pas les voies de communication. Son attention se porta, notamment sur « cette longue étendue de chemin qui s'étend depuis le pont du faubourg Saint-André jusqu'à la porte de Marchaux, et qui était très mauvaise [7]. » Grâce au dévouement et à l'acti-

---

1. Payé au sieur Racot, la somme de 3,300 livres pour les ouvrages qu'il a faits et fait faire dans la salle de comédie, sous la direction du sieur Jolivet, et ensuite du sieur Dumorei, suivant l'arrêté du sieur Thomas Dumorei et sauf les ouvrages de peinture. — Payé 192 livres aux peintres qui ont travaillé à la décoration de la comédie. » (*Reg. de la ch. de ville,* fol. 69.)

2. *Reg. de la ch. de ville. Relation des États,* fol. 47.

3. « Payé à Jossier, pour avoir conduit à Dijon les vins et confitures de M. de La Guiche et une quaisse où étaient les décorations de la comédie, 36 livres. » (*Reg. de la ch. de ville,* fol. 65.)

4. Le 9 septembre 1742 ; il était situé près de la Cathédrale, impasse du Jeu-de-Paume. (V. *Mém. de la Soc. Éduenne,* nouv. série, tome VI, p. 408.)

5. Voir plus haut la lettre du comte de La Guiche au Chapitre de la Cathédrale.

6. « Pour un amphithéâtre dressé deux fois pour tirer un feu d'artifice, 60 livres. » (*Reg. de la ch. de ville,* fol. 63.)

7. « Frais du grand chemin fait depuis le pont Saint-André jusqu'à la porte de Marchaux, par lequel est arrivé S. A. S., 604 livres 1 sol. » (*Id.* fol. 64.)

vité des échevins, et au concours des habitants de Brion et de ceux de Broye, qui furent judiciairement requis [1], cette route fut sablée et rendue aussi commode qu'une allée de jardin au moment où S. A. S. passa. » [2]

Quelques jours auparavant, on avait déjà réparé, pour recevoir M. de La Guiche, le chemin qui conduisait de la porte des Marbres à la porte de sortie de l'hôpital Saint-Gabriel. [3]

En cette année, l'hiver avait été précoce et, dès le milieu de novembre, les rues étaient couvertes de glace [4]. La grande quantité de neige qui tomba le jour de l'arrivée du prince les avait rendues totalement impraticables. Cent cinquante ouvriers, encouragés par la présence du maire, des échevins et du syndic, travaillèrent toute la nuit à les déblayer; mais le lendemain matin, la neige recommençant à tomber, les travaux de la nuit devinrent inutiles. Personne n'en fut découragé. Chacun trouva de nouvelles forces dans son zèle; le nombre des ouvriers fut augmenté, et leur activité doublée par la présence des magistrats municipaux [5]. En quelques heures, les neiges furent entassées d'un côté de la rue et partout où le prince, qui sortait toujours à pied, devait passer, le sol était couvert de sable [6] : la nuit les deux côtés des rues étaient bordés de lampions. [7]

---

1. « Payé à Artigole et à Marin, qui ont signifié des ordres aux habitants de Broye pour venir travailler sur ce chemin, 6 livres 10 sols. — Payé à Nicolas Roidot, cabaretier, 184 livres 10 s. pour dépense faite par les habitants de Broye et de Brion, qui ont travaillé sur le chemin. » (*Id.* fol. 63.)

2. *Reg. de la ch. de ville. Relation,* fol. 46.

3. « Pour avoir enlevé les terres et réparé le chemin depuis la porte des Marbres jusqu'à la porte de derrière de l'hôpital Saint-Gabriel, 84 ^{1} 16 ^{s}. » (*Reg. de la ch. de ville,* fol, 63.)

4. « Lundy, 14 novembre 1763, froid ; mardy 15, froid ; jeudy 17, froid ; samedy 19, grand froid, neige: »

5. *Reg. de la ch. de ville. Relation,* fol. 46. — « Pour avoir enlevé les glaces et neiges, 1026^1 7^s. » (*Reg. de la ch. de ville,* fol. 67.)

6. « Aux dames de Saint-Andoche, pour 116 voitures de sable, 58 livres ; — à Lebrault, paveur, pour avoir amené, de jour et de nuit, du sable pour sabler les rues où devait passer le prince, 300 livres. » (*Id.* fol. 68.)

7. *Reg. de la ch. de ville. Relation,* fol. 46.)

— 21 —

Les chanoines ne restaient pas non plus inactifs et s'ils repoussaient, il est vrai, la proposition du sieur Mielle, musicien à Dijon [1], qui avait sollicité le droit de diriger les chants à la messe du Saint-Esprit le jour de l'ouverture des Etats, ils chargeaient, du moins, de ce soin le maître de musique du Chapitre qu'ils jugeaient capable de les faire exécuter, conformément à ce qui se pratiquait à la Sainte-Chapelle de Dijon. [2]

Les vénérables faisaient en outre mettre en état le carillon de la Cathédrale [3], donnaient l'ordre de « sonner toutes les cloches de volée à l'arrivée de M. le prince [4] », et votaient les fonds nécessaires à l'acquisition d'un nombre de lampions suffisant pour illuminer le soir du même jour, en signe de réjouissance, le couronnement et les ogives du grand et du petit clocher. [5]

Mais c'est surtout à la décoration intérieure de l'église qu'ils donnèrent tous leurs soins.

Non-seulement ils commandaient des réparations au pavé de son entrée inférieure [6], mais encore ils faisaient garnir

---

1. Peut-être faudrait-il lire Michel. C'est le nom d'un maître de chapelle qui vivait à Dijon au dix-huitième siècle. On a de lui un vol. in-folio de motets et de musique religieuse, qui n'est pas sans mérite. (Poisot, les Musiciens bourguignons, p. 29.)

2. Reg. capitulaires. Délib. du 18 octobre 1763, fol. 970. Le maître de musique était alors le sieur Jacques-Alexandre Chevallier de Rouvray, d'abord maître de musique de l'abbaye de Fécamp, puis de la cathédrale d'Autun en février 1758, mort le 27 mars 1766, à l'âge de 46 ans, inhumé à Saint-Lazare.

3. Id. Délib. du 8 novembre 1763, fol. 981. — Le 25 du même mois, le Chapitre alloue 200 livres au sieur Boilot, facteur d'orgues, tant pour dépenses faites au carillon que pour gratification. (Id.)

4. Id. Délib. du 18 novembre 1763, fol. 993.

5. Id. Délib. du 4 novembre, fol. 976. De semblables illuminations eurent lieu le 2 octobre 1878, à l'occasion de la fête commémorative du douzième centenaire du martyre de saint Léger, évêque d'Autun.

6. Id. Délib. du 4 novembre, fol. 976.

tous les piliers de tapisseries à haute lisse [1] et le transept de deux rangs de verdure. [2]

Dans tout l'espace compris entre l'autel et la porte du chœur, le pavé fut recouvert de tapis de Turquie; le devant du jubé [3], du côté de la nef, ainsi que le haut des stalles, fut tendu de tapisseries à fond bleu semé de fleurs de lys d'or, au milieu desquelles on voyait les armes du roi et du prince de Condé. Les stalles furent recouvertes de la même manière. [4]

Au milieu du chœur, à un pied en avant des formes du clergé et de la noblesse, fut placé le prie-Dieu destiné au prince de Condé. C'était un trône élevé environ d'un pied, couvert d'un grand tapis de velours cramoisi à galons d'or, qui débordait fort loin à droite et à gauche, autant en avant qu'en arrière; on y avait joint un carreau d'appui, un de pied et un fauteuil de pareille étoffe.

A côté du tapis étaient placés deux autres carreaux, l'un à droite, pour le premier président, et l'autre à gauche pour l'intendant.

Les stalles de droite, destinées au clergé, et celles de gauche, à la noblesse, étaient couvertes de tapis à fond bleu, semé de fleurs de lys et garnies de carreaux de pied, sans carreaux d'appui.

De chaque côté de l'autel, on fit placer deux rangs de bancs à dossiers couverts de tapis bleus et sans carreaux pour le tiers état; puis enfin, du côté de l'épitre et de l'évangile, après ceux des maires et députés des villes, des siéges pour les conseils, secrétaires et trésoriers. [5]

---

1. *Id*. Cérémonial, fol. 1004.
2. *Id. Ibid.*, fol. 1003.
3. C'est au cardinal Rolin qu'on devait le jubé de la Cathédrale. Munier, dans ses *Éloges des hommes illustres d'Autun*, art. *de la maison de Rolin*, p. 54, en donne la description. Les fouilles récentes nécessitées par l'installation du calorifère, en ont fait découvrir les fondations entre les piliers qui sont au dessus de la table de communion actuelle.
4. *Reg. capit.* Cérémonial, fol. 1004.
5. *Id.* ibid. fol. 1004.

Le reliquaire contenant les restes vénérés de saint Lazare et de saint Racho, fut paré d'un tapis de velours rouge et garni de six flambeaux; la chapelle de l'Anniversaire [1] fut ornée de même; au maitre-autel, qui reçut douze chandeliers [2], on substitua « le dais neuf, qu'il est d'usage de porter pendant l'Octave du Saint-Sacrement, au lieu et place de celui qui le décorait ordinairement. » [3]

La question des présents ne fut point oubliée : il était d'usage alors d'offrir aux souverains, aux princes ou autres personnages de condition qui visitaient une ville, des vins d'honneur et aux dames des confitures. [4]

Le corps municipal ne ménagea rien à ce sujet : il y consacra une somme de 2,455 livres 10 sols.

---

1. La chapelle de l'Anniversaire est la seconde, en descendant, à partir de la porte latérale. Elle fut fondée, vers 1500, par l'évêque d'Autun, Jean Rolin, en l'honneur de saint Martin.

2. *Reg. capit.* Cérémonial, fol. 1003 et 1004.

3. *Id.* Délib. du 8 nov. 1763, fol. 981.

4. Les registres capitulaires, fol. 1003, nous font connaître qu'on avait agi de même à l'entrée du duc d'Enghien en 1634, et du duc de Longueville en 1639.

Lorsque Louis XIV traversa Dijon, le 5 juin 1683, pour aller visiter l'Alsace et la Lorraine définitivement réunies à la France, la chambre de ville offrit au roi du vin en cimaise et à la reine douze douzaines de boîtes de confiture et trois douzaines de bouteilles de limonade. « La reine, avertie que Messieurs lui voulaient faire un présent, s'est avancée suivie des dames de la cour, et le maire ayant fait une génuflexion, elle a dit : « Voilà un beau présent ! » (*Reg. des délib. de la ch. de ville de Dijon.*)

Le 3 août 1860, après l'annexion du comté de Nice et de la Savoie, quand l'empereur Napoléon III traversa cette même ville, les usages avaient changé. Le maire présenta bien au souverain les mêmes clefs de la ville que Louis XIV recevait deux siècles auparavant; mais il laissa à l'Association viticole de l'arrondissement de Beaune le soin d'offrir les vins d'honneur. Ils étaient renfermés dans un coffret de cèdre, à poignées d'or. Sur la plaque de la serrure, de même métal, étaient gravées les armes impériales. Ce coffret contenait cinquante bouteilles des meilleurs crûs de Bourgogne et notamment une bouteille de Corton de 1784. (*Relation des fêtes données par la ville de Dijon les 23 et 24 août 1860, pour la réception de LL. MM. l'Empereur et l'Impératrice;* Dijon, Rabutôt, 1860, broch. in-8°, p. 25.)

Le Chapitre, aussi, chargea deux de ses membres, les chanoines Robin et Lenoble, d'acheter, dans le même but, le meilleur vin qu'ils pourraient trouver [1]. La dépense s'éleva à 445 livres, dont il convient de retrancher cependant 102 bouteilles qui restèrent en trop et furent déposées dans la cave du chanoine Robin, à la charge par lui d'en avoir soin et d'y avoir recours en cas de besoin. [2]

Enfin, les différents corps constitués nommèrent tous des députés qui durent aller complimenter le prince lors de son arrivée et de son départ, le commandant, le premier président, l'intendant et les évêques de la province, lors de leur arrivée seulement.

Les délégués des corps séculiers et réguliers de la ville se joignirent à ceux du Chapitre de la Cathédrale [3]. La réunion eut lieu à la chambre des comptes [4]. A cette occasion la lutte invétérée qui existait entre les chanoines de la collégiale Notre-Dame et ceux de la Cathédrale faillit renaître, parce que, disent les registres capitulaires, « MM. les députés de ladite église collégiale ont semblé affecter de faire leur députation, tant à M. le comte de La Guiche qu'à Messieurs

---

1. *Reg. capit.* Délib. du 9 nov. 1763, fol. 982.

2. *Id.* Délib. du 25 nov. 1763, fol. 995.

3. « Ont délibéré Messieurs du Chapitre de la Cathédrale, d'envoyer à tous les corps séculiers et réguliers de cette ville, des billets de convocation pour les inviter à envoyer en leur chambre des comptes, à l'heure qui y sera marquée, leurs députés qui doivent se réunir à MM. les députés du Chapitre, pour aller tous ensemble complimenter M. le prince de Condé, sur son arrivée dans cette ville. » (*Reg. capit.* Délib. du 18 nov. 1763, fol. 993.) Il y eut trois députés de la collégiale, le syndic des curés de la ville, deux députés de l'abbaye de Saint-Symphorien, deux de l'abbaye de Saint-Martin, quatre cordeliers et quatre capucins. Le Chapitre de la Cathédrale était représenté par huit députés, savoir : le chantre en l'absence du doyen, la dignité suivante et les six plus anciens chanoines. (*Id.* Cérémonial, fol. 1003.)

4. On appelait autrefois *Passage de la Chambre des comptes*, celui qui se trouve vis-à-vis le portail latéral de la Cathédrale et qui conduit de la place du Terreau à la cour de la Maîtrise actuelle.

les évêques nouvellement arrivés, avant celle du Chapitre de la Cathédrale ¹. » Une simple observation du syndic fit rentrer les choses dans l'ordre accoutumé, car nous voyons, quelques jours plus tard, les délégués de la collégiale se rendre à la convocation du Chapitre de la Cathédrale pour aller saluer le prince de Condé.

Les aménagements nécessaires à l'installation des Etats et au logement des grands officiers de la province furent confiés, par la chambre de ville, à l'ingénieur en chef Thomas Dumorey.

La chapelle des Jésuites, qui venait d'être terminée, servit de salle des Etats et le collége de lieu de réunion pour les trois ordres ² ; les élus y eurent leur chambre particulière et les bureaux y furent commodément installés. ³

Tandis que l'évêque d'Autun ⁴ se retirait dans son Séminaire hors la cité ⁵, où il occupa l'appartement qui lui était réservé et où il offrit l'hospitalité aux prélats de la province ⁶, le

---

1. « Ont invité M. le sindic d'avertir M. le sindic de la collégiale de cette ville que Messieurs les députés de ladite église ont semblé affecter de faire leur députation, tant à M. le comte de La Guiche, commandant de cette province, qu'à Messieurs les Évêques nouvellement arrivés en cette ville, avant la députation du Chapitre de la Cathédrale, l'invitant d'en prévenir sa compagnie pour qu'elle ait à y mettre ordre et que toutes choses se passent à cet égard suivant l'usage. » (*Reg. capit.* Délib. du 18 nov. 1763, fol. 993.)

2. Aujourd'hui l'église Notre-Dame et le collége municipal.

3. *Reg. de la ch. de ville.* Relation, fol. 44. — Courtépée, *Description du duché de Bourgogne*, nouv. édit. t. II, p. 526.

4. Nicolas de Bouillé, d'abord chanoine-comte de Lyon, en 1722, puis doyen de cette église en 1753, fut nommé évêque d'Autun en 1758, prit le titre de comte de Saulieu, fut comme ses prédécesseurs président-né et perpétuel des États de Bourgogne, et mourut à Paris le 22 février 1767. Il fut inhumé en l'église Saint-Gervais. (Harold de Fontenay, *Essai sur les sceaux et armoiries des Évêques d'Autun*; Paris, Dumoulin, 1867, p. 29.)

5. *Reg. de la ch. de ville.* Relat. fol. 46. — Aujourd'hui le petit Séminaire.

6. Gagnare, *Hist. de l'Église d'Autun*; Autun, Dejussieu, MDCCLXXIV, p. 281.

prince de Condé [1] s'installait au palais épiscopal [2], dont Nicolas de Bouillé avait fait, par le luxe de l'ameublement, une magnifique résidence [3]. Depuis lors, la disposition des grands appartements de réception donnant sur la cour d'entrée, ne paraît pas avoir été modifiée, leur décoration seule a changé. [4]

Dans la première pièce en haut de l'escalier, connue sous le nom d'*antichambre des laquais* [5], s'installèrent les gardes du corps. Des rideaux de toile de coton en ornaient les fenêtres et trois pans de tapisserie de toile cirée à coquille en garnissaient les murs. Au plafond était suspendue une lanterne de verre blanc, à panneaux encadrés de cuivre : deux banquettes et douze chaises recouvertes de moquette bleue et blanche complétaient l'ameublement de cette première pièce. [6]

Les gentilshommes du prince occupaient la seconde antichambre [7]; ses trois fenêtres étaient garnies de rideaux semblables aux précédents ; mais les murs étaient tendus de deux grands pans de tapisserie de Bruxelles [8] ; huit fauteuils et un

---

1. Louis-Joseph de Bourbon, prince de Condé, né à Chantilly le 9 août 1736, mort le 13 mai 1818. C'est lui qui, le 30 octobre 1762, remporta la bataille de Johannisberg. La Révolution l'ayant éloigné de la France, il devint bientôt le chef de l'émigration militaire et ne rentra dans son pays qu'en 1814, avec Louis XVIII. L'académie de Dijon mit son éloge au concours. Le prix fut remporté par M. Th. Foisset, âgé seulement de vingt ans.

2. *Mém. de la Soc. Éduenne.* 1844, p. 101.

3. Les chevaux et les équipages du prince furent placés dans les grandes écuries appartenant à la ville ; on dépensa 538 livres pour réparer leur couverture. (*Reg. de la ch. de ville*, fol. 68.) Les grandes écuries ou écuries du roi sont situées rue Bouteiller.

4. Tous les détails relatifs à l'ameublement du palais épiscopal sont tirés de l'inventaire dressé le 10 mars 1767 et jours suivants, après le décès de Nicolas de Bouillé. (Archives du greffe du tribunal civil d'Autun.)

5. Aujourd'hui le vestibule qui précède la salle de billard.

6. Inventaire, p. 18.

7. Dite antichambre des valets de chambre, aujourd'hui la salle de billard.

8. Prisés 800 livres dans l'inventaire.

sopha à fleurs de pavots, un autre sopha en damas vert, trois fauteuils de tapisserie d'Aubusson [1], une commode, deux tables en marqueterie, l'une pour le trictrac, l'autre à jouer le quadrille [2], garnissaient le tour de l'appartement ; au dessus d'un grand bureau à pieds de biche, orné de cuivres, était appendue une lanterne à quatre panneaux. [3]

C'est dans le salon suivant [4] que le prince reçut les députations des corps qui vinrent le complimenter. C'était l'une des pièces les plus somptueusement meublées du palais. Les fenêtres et les murs étaient garnis de damas des Indes cramoisi. Quatre bergères, douze fauteuils et deux sophas à bois dorés, ainsi que huit chaises courantes et huit petits fauteuils à cabriolet, à bois vernis, étaient recouverts de la même étoffe. Entre chacune des trois fenêtres, se trouvait une console à pied de bois sculpté et doré ; leur table, de marbre blanc, était chargée d'objets de prix tels que théière, cafetière, sucrier, tasses à café et écuelles à fromage en porcelaine de Saxe ; de grands trumeaux à trois glaces, entourées de guirlandes de bois doré, les surmontaient. Un lustre de cristal de Bohême, à douze bobêches, était suspendu au plafond. La cheminée était ornée d'une pendule ronde, de deux pots à oille [5], l'un en

---

1. Estimés 20 livres chacun.
2. Jeu d'hombre qui se joue à quatre. Dans cette dernière table, il y avait une bourse brodée aux armes de M. de Bouillé, contenant cent jetons d'argent pesant quatre marcs une once et sept gros, estimés 200 livres dans l'inventaire. On sait qu'à chaque triennalité, les États offraient à chacun des principaux officiers une bourse remplie de jetons en plus ou moins grande quantité, suivant leur dignité. (V. Rossignol, *Des libertés de la Bourgogne d'après les Jetons de ses États* ; Autun, Dejussieu, 1851, in-8°, p. 32.)
3. Inventaire, p. 20.
4. Appelé dans l'inventaire le salon de compagnie, aujourd'hui le salon de réception.
5. On appelait alors *pot à oille* un grand vase de table, soit en argent, soit en faïence ou en porcelaine, qui avait la forme d'une terrine. L'oille était une sorte de potage fait de diverses herbes et sans beurre, qu'on servait quelquefois sur les bonnes tables, pour faire quelque diversité. (Furetière v° *Ouille*.)

Saxe, l'autre en vieux Japon, et de quatre bras en or moulu. Enfin, les portraits du Dauphin, de la Dauphine et des quatre dames de France [1], garnissaient les murs de cette pièce.

A la suite, venait la chambre à coucher du prince [2], qui était également tendue de damas des Indes cramoisi. Le lit était *à la Turque*, et les huit fauteuils à bois doré; on y voyait encore un chiffonnier et une encoignure de marqueterie, un feu de fer [3] à palme d'or, deux bras de cheminée à deux branches en or moulu [4], une pendule avec sa boîte d'écaille, un grand trumeau à trois glaces dans sa bordure de bois doré; la commode était garnie de nombreux objets en porcelaine du Japon et le bureau d'une écritoire en cuivre argenté. [5]

Le reste du palais, aussi richement décoré que les appartements du prince, était occupé par les gentilshommes de sa suite et par les grands officiers des États.

Ainsi, dans la chambre à coucher d'hiver [6], se trouvaient un *lit à colonnes* garni de rideaux de camelot jaune gauffré et d'une courte-pointe de même étoffe, deux bergères, six fauteuils et quatre chaises de velours d'Utrecht jaune; sur la cheminée, un trumeau à deux glaces, bordé de bois doré; l'antichambre, la garde-robe et le cabinet joignant cette pièce étaient meublés à l'avenant.

Dans l'appartement vert du premier étage [7], on voyait « dans

---

1. Inventaire, p. 23. — Les portraits de Mesdames de France se voyaient encore, il y a dix ans, dans le salon de Mlle Boizot, petite rue Chauchien, à Autun. Ils appartiennent aujourd'hui à M. Louis Brunet, directeur des postes, à Saint-Denis-en-France.

2. Aujourd'hui le cabinet de travail.

3. L'ensemble de ce qui garnit une cheminée : chenets, pelle, pincettes, tenailles, soufflet.

4. On appelle *or moulu* du cuivre ou du bronze doré au feu.

5. Inventaire, p. 31.

6. Id. p. 104.

7. Id. p. 123.

une niche un lit tapissé de damas vert », dix fauteuils à cabriolet, une bergère, quatre fauteuils et un écran à cartouche, garni de même étoffe, une encoignure en marqueterie, avec table en marbre de Flandre, sur la cheminée, un trumeau à deux glaces, orné d'un groupe d'enfants et de deux bras en cuivre doré. [1]

Mais rien n'égalait la richesse de la *chambre au lit doré* [2] où s'installèrent sans doute le comte de La Guiche, commandant en chef de la province et sa femme [3], qui logèrent à l'évêché. [4]

Les murs de cette pièce étaient tendus de « tapisserie de Bruxelles en grands personnages et en cinq pièces [5] »; le *lit à la Polonaise* avait un baldaquin en bois doré; le fond, les bonnes grâces, la courte-pointe et les rideaux étaient en damas cramoisi. Les fenêtres, les bergères et les fauteuils étaient garnis de même étoffe. Enfin, sur la cheminée, on voyait un trumeau à deux glaces, avec une bordure de bois doré et deux bras. [6]

L'ameublement de toutes ces pièces était invariablement complété par une commode et un secrétaire de marqueterie garnis de cuivres dorés et à table de marbre.

Ensuite venaient la chambre d'indienne [7], la chambre à lit jaune [8], l'appartement vert du second étage [9], où l'on voyait un lit *à l'impériale*, etc., etc.

---

1. Inventaire, p. 131.

2 Id. p. 137.

3. Leurs chevaux étaient au Donjon, autrement dit à l'hôtel Rolin ou de Beauchamp, rue des Bancs, aujourd'hui propriété de la Société Éduenne. (*Reg. de la ch. de ville.* Délib. fol. 64.)

4. *Reg. de la ch. de ville.* Délib. fol. 41.

5. Estimées 2,000 livres dans l'inventaire.

6. Inventaire, p. 137.

7. Id. p. 141.

8. Id. p. 145.

9. Id. p. 122.

Nous devons nous arrêter dans cette énumération, déjà trop longue, et reprendre le cours de notre récit.

L'intendant Dufour de Villeneuve fut logé à l'hôtel de ville [1] ; sa chambre fut garnie de meubles amenés du château de Vésigneux et prêtés par M. de Ganay [2] ; on couvrit les parquets de tapis de Marchaux [3]. Une partie de ses officiers fut installée aux Jésuites [4], où il donna ses repas et tint ses bureaux [5], une autre chez M. Changarnier l'aîné [6], qui reçut également M. de Neuilly [7]; le premier président [8] descendit chez M. de Fontenay [9]. Quant aux gens du prince ils furent logés chez les particuliers. [10]

---

1. *Reg. de la ch. de ville*. Délib. du 8 février 1764, fol. 49.

2. « Payé à Dubreuil, à Graillot et à Lagorgette, pour aller à Vésigneux, à raison des meubles que M. de Ganay a prêté pour mettre dans la chambre de M. l'intendant, 24 livres. » (*Reg. de la ch. de ville*, fol. 64.) La ville témoigna sa reconnaissance à M. de Ganay en lui offrant douze bouteilles de ratafia coûtant 19^1 12^s.

3. « Payé à Renaud, 32^1 pour un tapis de tapisserie de Marchaux, pour mettre dans la chambre de M. l'intendant. » (*Reg. de la ch. de ville*, fol. 65.)

4. *Reg. de la ch. de ville*, séance du 8 février 1764, fol. 49. Leur installation a coûté 2,450 livres. (*Id.* fol. 68.) Plus tard la ville vendit les meubles qui garnissaient ces logements moyennant 203 livres.

5. Serpillon, *Code criminel*, tome II, p. 1571.

6. *Reg. de la ch. de ville*, fol. 65.

7. *Id.* ibid.

8. Jean-Philippe Fyot, marquis de Lamarche, comte de Bosjan, baron de Montpont, seigneur de Mongey, né le 2 août 1724, fut pourvu en survivance de la charge de premier président au parlement de Bourgogne exercée par son père, et reçu le 19 janvier 1757. Il mourut à Dijon le 11 octobre 1772.

9. Il s'agit ici d'Anne-Paul de Fontenay, écuyer, seigneur de Sommant, Noiron, Souvert et autres lieux, né le 6 mai 1732, fils d'André et de Pierrette Machereau, ancien mousquetaire du roi, président et lieutenant général au bailliage et siège présidial d'Autun en 1757, lieutenant général honoraire en 1778, député suppléant de la noblesse du bailliage d'Autun aux États généraux de 1789, commissaire pour la formation du département de Saône-et-Loire, élu maire d'Autun le 11 février 1790, mort en fonctions le 22 octobre de la même année. M. de Fontenay est l'auteur des *Notes manuscrites* qui nous ont fourni de précieux détails pour notre travail.

10. La ville paya pour loyer des logements des gens du prince, 2,816 livres. (*Reg. de la ch. de ville*, fol. 66.)

III. *L'arrivée du prince.* — Mais le temps marche et l'ouverture des Etats approche. Grâce aux notes d'Anne-Paul de Fontenay, nous pourrons assister, pour ainsi dire jour par jour, à l'arrivée des nombreux étrangers que cette cérémonie va réunir à Autun.

Le premier dont nous constations la présence est M. Richard de Blancey, secrétaire en chef des Etats, qui fut ausitôt l'objet de l'hospitalité la plus empressée. Arrivé le 28 octobre, il dînait le lendemain à l'évêché, après avoir reçu les compliments des magistrats du bailliage. [1]

Le mardi 5 novembre, arrive le marquis de Ganay, gouverneur de la ville [2]; puis on voit successivement paraître MM. de Neuilly [3], de Frasans [4], d'Availly [5], de Bresse [6], de Chailly [7], d'Arcy [8], Pinot fils [9], de Vienne [10], de Puligny [11],

---

1. « Vendredy, 28 octobre 1763, M. de Blancey arrive ; 29 octobre, je vais chez M. de Blancey, avec qui je dîne à l'évêché. »

2. « Samedy 5 novembre, M. le gouverneur arrive. » C'était Jacques-Anne, marquis de Ganay, colonel d'infanterie, nommé gouverneur d'Autun le 29 mars 1752, mort à Paris le 28 octobre 1778. Il possédait l'hôtel portant le n° 5 de la rue de l'Arquebuse, que l'on nommait autrefois *le Gouvernement*.

3. Michel Jaquot de Neuilly, chevalier, ancien capitaine de dragons, chevalier de Saint-Louis, commissaire aux États de 1760.

4. Claude-Joseph de Frasans, écuyer, seigneur d'Avirey, commissaire aux États de 1760, alcade à ceux de 1763.

5. Claude-François de Maritain, chevalier, seigneur d'Availly, Montrond-les-Combes et autres lieux, commissaire de la capitation, alcade aux États de 1760.

6. Probablement Claude-Guitard Palatin de Dyo, comte de Montperroux, seigneur de Bresse-sur-Grosne et de Thorey.

7. Charles-François-Gabriel de Magnien, chevalier, seigneur de Chailly-les-Peauldois, baron de Bouhy, officier aux gardes françaises.

8. Gabriel-Hector de Cullon, chevalier, comte et seigneur d'Arcy-sur-Cure, alcade aux États de 1757.

9. La famille Pinot est originaire de Bourbon-Lancy et a fourni un maire à la ville d'Arnay. (V. Albrier, *les Maires d'Arnay-le-Duc*.)

10. Louis-Henri, comte de Vienne, chevalier, baron de Châteauneuf, mestre de camp de cavalerie, élu de la noblesse aux États de 1760, mort le 4 mai 1793 à Constance, dernier héritier mâle de ce nom.

11. Jean Rigoley de Puligny, premier président à la chambre des comptes de Bourgogne de 1716 à 1769.

d'Ogny [1], de Chastellux [2], de Jaucourt [3], Roulin [4], de Lamarche, de Lusigny [5], d'Apchon [6], de Bouilly [7], Duval [8], Nicolas [9], de Grandchamp [10], l'abbé du Châtel [11], M. et Mmes de Vergennes [12], de la Collonge [13], d'Island [14], d'Escrots [15],

1. N. Rigoley d'Ogny, trésorier général des États.
2. Louis-Philippe, marquis de Chastellux, chevalier, seigneur de Némois, Ménémois et autres lieux, maréchal des camps et armées du roi, gouverneur de la ville et citadelle de Seyne, élu de la noblesse en 1763.
3. Louis-Charles de Jaucourt, chevalier, seigneur d'Arconcey, Lagneau et dépendances.
4. N. Roulin, secrétaire en chef des commandements du prince de Condé.
5. Guillaume Lazare de Ganay, seigneur de Lusigny, chevalier d'honneur à la chambre des comptes de Dijon à partir de 1751. C'est le troisième de ce nom dans cette charge.
6. Sans doute un parent de l'évêque de Dijon, Claude-Marc-Antoine d'Apchon.
7. Probablement un grand vicaire de l'un des évêques présents aux États.
8. N. Gouget-Duval, conseiller du roi, maître ordinaire en sa chambre des comptes de Dijon, député de ladite chambre.
9. N. Nicolas, conseiller du roi, maître ordinaire en sa chambre des comptes de Dijon, député de ladite chambre.
10. Jean-Baptiste Simon, seigneur de Grandchamp, Soussey et Martrois, conseiller trésorier de France au bureau des finances de Bourgogne et Bresse, élu du roi aux États de 1763. Il avait épousé Reine Milliard et devint plus tard président dudit bureau.
11. Jean-Marie du Châtel, aumônier de la reine, abbé commandataire de l'abbaye de Notre-Dame-de-Rigny-sur-Cure, ordre de Cîteaux, depuis l'année 1754, élu du clergé en 1763.
12. M. Gravier de Vergennes, était président en la chambre des comptes de Dijon, député de ladite chambre aux États de 1763.
13. André André de la Collonge, seigneur de Longchamp, qui épousa en premières noces Marguerite Roi, de Dijon, et en secondes, Christine Viochot, de Selongey.
14. Charles Thomas d'Island, écuyer, chevalier de Saint-Louis, ancien capitaine au régiment de Nice-infanterie, où il servit pendant vingt-deux ans, seigneur de la Motte-sous-Flacey, marié en 1757. Edme Thomas, l'historien d'Autun, appartenait à cette famille.
15. Germain Richard de Montaugé, capitaine au régiment de Poitou, seigneur d'Escrots, et Anne-Jeanne-Marie Pernot, sa femme.

d'Orsène [1], de Mandelot [2], de Choiseul [3], du Tremblay [4] ; les évêques de Chalon [5], de Dijon [6], et de Belley [7], l'ancien évêque de Troyes [8], les maires de Dijon [9] et d'Auxerre. [10]

1. Étienne-Joseph d'Orsène, ancien capitaine de cavalerie, chevalier de Saint-Louis, époux de Françoise-Marguerite Thiroux.
2. Nicolas Bataille, chevalier de Mandelot, capitaine au régiment de Picardie.
3. Louis-Marie-Gabriel César, marquis de Choiseul, fils de François, époux de Jeanne-Françoise Girard de Vannes, capitaine-lieutenant de la compagnie des gendarmes-Dauphin, seigneur de Cheilly, qui habitait l'hôtel Rolin, dit le Donjon.
4. Claude-Robert Dugon, écuyer, capitaine au régiment de Boulonnais, seigneur du Tremblay, de la Rochette et autres lieux.
5. Louis-Henri de Rochefort d'Ally, nommé à l'évêché de Chalon en 1755, assista aux assemblées générales du clergé en 1758 et en 1765, et mourut à Dijon, le 3 juin 1772. Ce prélat zélé travailla avec succès à la rédaction des livres liturgiques de son diocèse.
6. Claude-Marc-Antoine d'Apchon, né à Montbrison, en 1721, capitaine de dragons avant d'embrasser l'état ecclésiastique ; il fut successivement doyen de la collégiale de la chapelle aux Riches, vicaire général du diocèse de Dijon, abbé commendataire de Preuilly, prieur de la Chaux, sacré évêque de Dijon le 19 octobre 1755, élevé à l'archevêché d'Auch le 18 février 1776, il mourut à Paris, le 11 mai 1783. (Baudot, *Armorial des Évêques de Dijon* ; Dijon, Lamarche, 1869, 2e édit., p. 5.)
7. Gabriel Cortois de Quincey, né à Dijon le 14 septembre 1714, archidiacre et vicaire général du diocèse de Dijon, sacré évêque de Belley le 22 août 1751, conseiller d'honneur ecclésiastique au parlement de Bourgogne fut abbé commendataire de Saint-Martin d'Autun, de 1746 à 1791. Il mourut à Belley, le 15 janvier de cette même année.
8. Mathias Poncet de la Rivière, né à Paris en 1708, de Pierre Poncet, président aux enquêtes au parlement de Paris. Après avoir été grand vicaire de Séez, il fut sacré évêque de Troyes, le 2 septembre 1742. Ce prélat, qui eut de nombreux démêlés avec ses diocésains, donna sa démission en 1758 et fut nommé abbé commendataire de Saint-Bénigne de Dijon, conseiller d'honneur ecclésiastique au parlement de Bourgogne, aumônier du roi de Pologne duc de Lorraine, et doyen de Saint-Marcel. Il est mort à Paris le 5 avril 1780.
9. Nicolas-Claude Rousselot, maître en la chambre des comptes, vicomte maïeur de Dijon du 7 juin 1763 au 16 janvier 1770, président né et élu perpétuel du tiers état de la province de Bourgogne, directeur de l'académie et directeur né de l'université de Dijon.
10. Jean-Claude Baudesson, maire d'Auxerre de 1756 à 1781, élu du tiers état en 1763.

Pendant toute la durée des Etats, on retrouve ces mêmes personnes, avec le chevalier de Champignolle [1], MM. de Marange [2], Bouhéret [3], Frémont [4], Laguille [5], de Fougerette [6], Verchère [7], Duchemains [8], Comeau [9], de Charmasse [10] et Mme de Fontenay [11], aux soupers offerts par le prince de Condé, l'évêque d'Autun, l'intendant [12], le gouverneur, et par MM. de Millery [13], d'Aligny [14], de Fontenay et Blanchet [15], aux assem-

---

1. Louis-Casimir Le Brun du Breuil, dit le chevalier de Champignolle, (fils de Gilbert-Casimir), chevalier de Saint-Louis, seigneur des Pougains, ancien commandant d'une compagnie d'élèves gentilshommes de l'école militaire, capitaine réformé à la suite du régiment de Picardie, né à Versailles, décédé à Autun le 23 fructidor an V (9 septembre 1797).

2. Charles-Lazare de Fontenay de Marange, fils d'André et de Marguerite Charleux, chevalier de Saint-Louis, capitaine au régiment de Soissonnais, commandant du fort des Bains et de la ville d'Arles, en Roussillon, avait épousé Denise Rabiot du Seuil, veuve de François Cochet, seigneur de Trélagues. Il mourut à Rome, à la fin du siècle dernier, chevalier d'honneur de Mesdames de France.

3. V. plus haut, p. 15, note 3.

4. Michel-Louis Frémont du Fourneau, archidiacre et abbé commendataire de Flavigny en 1761, chanoine et député de l'église cathédrale d'Autun aux États de 1763, par délibération du Chapitre en date du 9 novembre de ladite année, mort à Autun à l'âge de cinquante-huit ans, inhumé le 25 octobre 1781, en l'église cathédrale.

5. Nicolas Laguille, contrôleur au grenier à sel, ou Lazare Laguille, avocat.

6. François Pillot de Fougerette, ancien président à la chambre des comptes.

7. L'abbé Verchère, chanoine, député de la Sainte-Chapelle de Dijon.

8. François Duchemains, receveur au grenier à sel d'Autun.

9. Hugues Comeau, chanoine de la cathédrale d'Autun, mort en 1773 à l'âge de quatre-vingt-quatre ans.

10. Hugues Desplaces de Charmasse, marié à Marie-Louise Perrin.

11. Mère du lieutenant général.

12. Jean-François Dufour de Villeneuve, lieutenant général du présidial de Clermont en Auvergne ; intendant de Bourgogne de 1761 à 1764, puis lieutenant civil au Châtelet jusqu'en 1774.

13. Georges Buffot, écuyer, seigneur de Millery.

14. Charles-François Quarré de Château-Regnault d'Aligny, chevalier, seigneur de Montregard, Visernoux, Versole et partie de Manlay, ancien capitaine d'infanterie, marié en 1735 à Louise Buffot de Millery.

15. Charles-François Blanchet, du Puis, avocat, secrétaire du roi, époux de Françoise Bureau.

blées ou aux concerts de Mmes de Villette [1], de Morcoux [2], de Menesserre [3], de Fussey [4], et aux soirées de l'évêché.

Le mercredi 16 novembre, jour choisi pour l'entrée du commandant en chef de la province [5], les compagnies de la milice bourgeoise s'assemblèrent à une heure, en armes devant l'hôtel de ville. A deux heures elles se rendirent à la porte des Marbres. Bientôt le canon de la ville, tiré du rempart [6] annonce l'arrivée du comte et de la comtesse de La Guiche. Pendant ce temps, la chambre de ville se réunit et se rend en robes noires au palais épiscopal, pour les complimenter [7], puis, offrir de la part de la cité des vins d'honneur au commandant et des confitures à sa femme. [8]

MM. du Chapitre déléguèrent de leur côté MM. Frémont, archiprêtre de Flavigny, et trois autres de leurs confrères, pour faire le compliment et offrir les vins d'honneur. [9]

Dès le même soir, il y eut un grand souper au gouvernement [10],

---

1. Probablement la mère de Jean-Baptiste de Velle, seigneur de Villette, prieur de Saint-Laurent-d'Hauteville.
2. Nicole-Robertine de Sandras de Séchelles, mariée à Denis Moreau, secrétaire du roi, seigneur de Morcoux.
3. Catherine-Simone de Choiseul, veuve de Claude-Nicolas de Fussey, marquis de Menesserre, chambellan du duc de Lorraine.
4. Anne-Marie Nuguet d'Ébaugis, femme de François de Fussey, seigneur de Chissey.
5. « Mercredi 16 novembre, entrée de M. de La Guiche. » Le comte de La Guiche, lieutenant général des armées du roi, avait été nommé commandant en chef de la province de Bourgogne en 1763.
6. Le canonier de la ville était sous les ordres du sieur Girardet, major de la milice bourgeoise, qui reçut de l'intendant une gratification de 120 livres, pour ses peines extraordinaires pendant la tenue des États. (*Reg. de la ch. de ville*, fol. 41 et 47.)
7. *Reg. de la ch. de ville*. Délib. du 14 nov. 1763, fol. 41.
8. « Payé au sieur Leprince, de Dijon, pour confitures offertes à Madame la comtesse de La Guiche, 37^l 8^s. » (Id., fol. 67.)
9. Le Chapitre lui offrit 48 bouteilles du meilleur vin qu'il put trouver. (*Reg. capit.* Délib. du 9 nov. 1763, fol. 982.)
10. « Mercredy 16 novembre, grand souper au gouvernement. » Nous savons qu'on appelait ainsi l'hôtel du gouverneur.

où assistaient MM. et Mmes de La Guiche, de Vergenne, de Menessère, d'Orsène, de Millery, d'Island, d'Escrots, Mme de Fontenay, mère du lieutenant général, les évêques d'Autun, Dijon et Troyes [1], l'abbé du Châtel, MM. de Chastellux, de Vienne, de Jaucourt, etc., etc.

Le jeudi 17, arrive M. Fyot de Lamarche, premier président du parlement de Bourgogne. Aussitôt il reçoit les hommages des corps judiciaires de la cité ; la chambre de ville et le Chapitre viennent également le complimenter et lui offrir les vins d'honneur [2]. Le même soir, un souper où se trouvent réunies les mêmes personnes que la veille, où à peu près, lui est offert par M. de Fontenay, son hôte. [3]

Le vendredi 18, le premier président fait des visites à l'évêché, au séminaire et au gouvernement, puis, le soir, il se rend, malgré le froid très vif qui sévissait, à une assemblée chez Mme de Morcoux.

Ce même jour, hommages et vins d'honneur sont offerts à l'intendant [4], qui venait d'arriver [5] ; puis successivement aux

---

1. A leur arrivée à Autun, les évêques de Dijon, Chalon-sur-Saône, Auxerre, Autun et l'ancien évêque de Troyes, furent complimentés par deux membres du Chapitre et reçurent chacun, de ce corps, un présent de vingt-quatre bouteilles de vin. (*Reg. capit.* Délib. du 9 nov. 1763, fol. 983.)

2. Les délégués du Chapitre étaient MM. de Velle, abbé de Saint-Étienne, et trois autres de ses confrères. Ils lui offrirent quarante-huit bouteilles de vin. (Ibid.)

3. « Jeudy 17 novembre, je dîne chez M. d'Ogny, avec MM. de Jaucourt, du Chastel, Roulin, Puligny, etc. Je vais au devant de M. le premier président, qui arrive chez moy et qui soupe avec MM. et Mmes de Menessere, d'Ilan, de Villette, de Vergennes, M. de Ganay. — MM. de La Guiche, de Vienne, de Chastelux, etc., viennent le soir. »

4. Les délégués du Chapitre étaient Jean-François Danchemant, prévôt de Bligny, et trois de ses confrères, qui lui offrirent quarante-huit bouteilles d'excellent vin. (*Reg. capit.* Délib. du 9 nov. 1763, fol. 983.) Le chanoine Danchemant mourut à l'âge de soixante-quatre ans et fut inhumé le premier dans le grand caveau de la nef, au milieu de la Cathédrale, le 3 juin 1766.

5. « Vendredy, 18 novembre. M. l'intendant arrive ; je vais avec M. le premier président à l'évêché et au séminaire le matin ; le soir, faire des visites et chez M. le gouverneur. Assemblée chez Mme de Morcoux. Froid. »

évêques de Chalon-sur-Saône, de Dijon, d'Auxerre, et à l'ancien évêque de Troyes, abbé commendataire de Saint-Bénigne de Dijon. [1]

Enfin, le samedi 19, est le jour fixé pour l'arrivée du prince de Condé [2] : les échevins, le procureur du roi syndic et ses quatre substituts en habit et manteau noir et en collet s'assemblèrent en l'hôtel du vierg [3], d'où ils partirent vers neuf heures du matin, en carosses et précédés des sergents de mairie à cheval, en manteaux de livrée et l'épée au côté, pour se rendre au hameau de Surmoulin [4], où ils attendirent avec MM. de Villeneuve, de La Guiche, de Chastellux et autres, dans la maison de l'avocat Bonnin [5], jusque vers trois heures de l'après-midi [6]. A ce moment, le prince arriva dans une chaise de poste d'où il descendit pour entrer dans un de ses carosses ; le marquis de Ganay, colonel d'infanterie, gouverneur d'Autun, lui offrit les clefs de la ville dans un sac de velours vert garni de dentelles d'or ; puis le vierg entouré du corps de la magistrature lui adressa, au nom des habitants, un discours « auquel S. A. S. répondit avec des témoignages de

---

[1]. Gagnare, *Histoire de l'Église d'Autun*, p. 281, omet l'évêque de Chalon, en citant comme présent l'évêque de Mâcon. C'est une erreur évidente, car le titulaire de ce dernier siége, Henri-Constance de Lort de Sérignan de Valras était mort à Paris, le 8 novembre 1763, quelques jours avant l'ouverture des États.

[2]. « Samedy, 19 novembre. Grand froid. M. le prince de Condé arrive. Nous dînons chez M. de La Marche. Neige. » — Le Chapitre commença l'office des vêpres à 1 h. 1/2 de l'après-midi. (*Reg. capit.* Délib. du 18 nov. 1763.)

[3]. Toussaint Roux, vierg et prévôt royal, lieutenant général de police, ancien lieutenant général de la chancellerie de la ville, médecin, né le 25 janvier 1699, s'est démis en 1785 de la place de maire en faveur de Claude-Pierre Roux, son fils.

[4]. Surmoulin, hameau de la commune de Dracy-Saint-Loup, canton et arrondissement d'Autun.

[5]. Philibert Bonnin, reçu avocat le 9 août 1725.

[6]. « Dépensé à Surmoulin, où on attendait le prince et où étaient M. le commandant, M. l'intendant, M. de Chastellux et autres, pour feu et autres frais, 6 livres. » (*Reg. de la ch. de ville*, fol. 67.)

bonté et d'affection [1]. » Après quoi [le commandant en chef de la province monta dans le carosse du prince et se plaça à sa gauche ; le capitaine de ses gardes vis-à-vis de lui et l'intendant à sa droite.

La voiture se mit en marche précédée des trois brigades de la maréchaussée d'Autun, sous les ordres du prévôt général des maréchaussées de Bourgogne, ayant le sieur Roux, prévôt d'Autun et fils du maire, à sa droite, et le lieutenant de la maréchaussée de Dijon à sa gauche ; de la compagnie des gardes du prince, à la tête desquels était M. de Frasans exempt ; des deux carosses où étaient les officiers de la magistrature ; de plusieurs seigneurs du corps de la noblesse et officiers de la maison de S. A. S. aussi en carosse. [2]

On arriva bientôt en cet ordre « à la barrière de l'abbaye de Saint-Martin [3], distante d'une demy lieue de la ville, où la compagnie des chevaliers du jeu de l'Arquebuse, — qui étoit nombreuse et à cheval, tous en habits uniformes bleus, boutonnières et boutons d'or, chapeau bordé d'or [4], les timballes de la ville, les trompettes et l'étendard à leur tête [5], — s'est trouvée rangée en bataille, l'épée à la main, suivant la permission qu'elle en avait eu de S. A. S. [6]. » M. Fouras, roi de

---

1. *Reg. de la ch. de ville*. Relation, fol. 44.

2. *Id.* ibid., fol. 43 et 44.

3. Abbaye de l'ordre de Saint-Benoît, fondée en 592 par Brunehaut.

4. Voir la description complète de l'uniforme des chevaliers de l'Arquebuse d'Autun, dans les *Mém. de la Soc. Éduenne*, n. série, t. VI, p. 456, note 1. Il y avait, en Bourgogne, seize compagnies d'exercices ; leur rang fut réglé en 1715, par le prince de Condé qui fit l'ouverture du grand prix cette année. Dijon tenait le premier rang, Autun le second.

5. « Il fut délibéré que l'on demanderait à M. le maire d'Autun les timballes de la ville pour marcher à la teste de la Compagnie et que l'on ferait venir de Beaune deux trompettes. » (*Journal de la Comp. de l'Arquebuse.*)

6. En apprenant la convocation des États généraux à Autun, la compagnie de l'Arquebuse de cette ville, désireuse de rendre ses respectueux hommages au prince, écrivit, le 19 octobre, à M. d'Ogny, trésorier général des États,

l'oiseau [1] qui commandait la troupe et qui était chargé du compliment, mit pied à terre; mais une neige épaisse, poussée par des tourbillons de vent, ne lui permit pas d'approcher du prince, qui continua sa route « non sans faire à la compagnie la grâce de la remarquer. » [2]

Dès que ses carosses furent passés, les chevaliers suivirent en bon ordre le cortége dont ils formèrent l'arrière-garde.

Le prince arriva sur les quatre heures à la porte de Marchaux où le marquis de Ganay, à la tête de la milice bourgeoise [3] rangée en bataille au dedans de la ville le complimenta.

---

une lettre ainsi conçue : « Monsieur, S. A. S. Monseigneur le prince de Condé ayant accordé aux chevaliers de l'Arquebuse de Dijon, la permission de prendre les armes, d'aller au devant d'elle et de l'accompagner à son entrée, nous vous supplions, Monsieur, de vouloir bien solliciter, pour la compagnie d'Arquebuse d'Autun, la même grâce auprès de S. A. S. en l'assurant de notre zèle le plus ardent et le plus respectueux, et de notre entière soumission à ses commandements; nous espérons, Monsieur, que vous voudrez bien nous faire celle d'appuyer de votre crédit notre humble requête auprès de S. A. S. de nous faire parvenir les ordres qu'il luy plaira de nous donner, de nous instruire de la façon dont nous devrons les remplir et de nous permettre de vous assurer du profond respect avec lequel nous sommes, etc. »

La réponse de M. d'Ogny, en date du 31 octobre, est ainsi conçue : « En conséquence, Messieurs, de la lettre que vous avez pris la peine de m'écrire le 19 de ce mois, j'ai rendu compte à S. A. S. du désir que vous aviez de prendre les armes pour son arrivée et d'aller au devant de luy ce jour-là. Monseigneur le prince de Condé a agréé votre demande et vous en accorde la permission comme vous le désirez; mais, comme il ne laisse pas que d'y avoir assez loin d'Autun au pont de Marmotin, où son Altesse prendra ses carosses, il paroît convenable que vous ne vous rendiez en troupe que un peu avant le faubourg de la ville d'Autun, à tel endroit que vous jugerez convenable pour cela. Je suis très parfaitement, Messieurs, etc. *Signé* : RIGOLEY D'OGNY. » (*Journal de la Comp. de l'Arquebuse.*)

1. N. Fouras, procureur du roi à la maîtrise des eaux et forêts d'Autun.

2. *Journal de la Comp. de l'Arquebuse.*

3. « Payé aux sergents de milice bourgeoise qui ont pris les armes pour l'arrivée et le départ du prince, 36 livres; payé aux tambours, 7 livres. » (*Reg. de la ch. de ville*, fol. 68.)

— 40 —

A ce moment, le canon fut tiré [1] et les cloches des paroisses sonnèrent à toute volée [2]. La milice se joignit au cortége et accompagna le prince jusqu'au palais épiscopal, où il prit son logement. [3]

Après être resté quelque temps dans sa chambre, où étaient réunies plusieurs personnes de distinction, S. A. S. entra dans son cabinet. [4]

Sur les sept heures, les élus, qui s'étaient assemblés dans leur chambre, aux Jésuites, en sortirent pour aller complimenter le prince dans l'ordre ci-après :

« M. l'évêque de Dijon, [5] élu du clergé, en camail et rochet, ayant un bonnet carré et un gant en sa main gauche ; M. le comte de Vienne [6] élu de la noblesse, à sa gauche, en ses habits ordinaires ; M. Gravier de Vergenne, président en la chambre des comptes de Dijon, député de ladite chambre, M. Rousselot [7], maire de Dijon et M. Gouget-Duval [8], maire de Seurre, élu du tiers état, tous trois en robes noires ; MM. Bernard de Blancey [9],

---

1. *Reg. de la ch. de ville.* Délib. du 14 nov. 1763, fol. 41, et Relation, fol. 44.

2. « Mandement au nommé Buriaud, sonneur du Chapitre, de la quantité de quatre boisseaux de seigle et de la somme de 6 livres, par charité, et néanmoins en considération des peines qu'il a eues pour sonner, non-seulement à l'arrivée de M. le prince de Condé, mais encore le jour de la messe du Saint-Esprit pour l'ouverture des États tenus en cette ville, le 21 novembre dernier. » (*Reg. capit.*, fol. 1008.)

3. *Reg. des décrets des États.* Cérémonial.

4. *Reg. de la ch. de ville.* Relation, fol. 44. — *Reg. des décrets des États.* Cérémonial.

5. V. plus haut, p. 33, note 6.

6. V. plus haut, p. 31, note 10.

7. V. plus haut, p. 33, note 9.

8. Claude Gouget-Duval, élu du tiers état en 1760, maire perpétuel de Seurre de 1751 à 1768, époque à laquelle son fils Guillaume lui succéda.

9. Claude-Charles Bernard de Blancey, secrétaire en chef des États de Bourgogne.

Rigoley de Puligny [1], Bernard de Chanteau [2], secrétaires des Etats, et Rigoley d'Ogny, trésorier général desdits Etats, en leurs habits ordinaires; MM. Bullier [3] et Ranfer [4], conseillers

1. Probablement Guillaume-Olympe Rigoley de Puligny, fils de Jean, dont il a été parlé plus haut, p. 31, note 11. Il devint, après la mort prématurée de son frère, Claude-Denys-Marguerite, premier président à la chambre des comptes de Dijon, et mourut à l'âge de vingt-six ans. Voici l'épitaphe que leur mère, Philiberte de Sivry, fit placer sur leur tombe. Elle existe encore à l'église Saint-Michel de Dijon.

D. O. M.
Hic jacent
Prosapiæ nobilis nobilioris indolis
Fratres duo
Claudius-Dionysius-Margarita Rigoley
Guillelmus-Olympius Rigoley de Puligny
Claudio et Joanne Rigoley, avo ac patre
Regiarum in Burgundia rationum curia
Primariis presidibus orti
Ipsi quoque ad idem munus vix promoti
Statim sublati æternum desiderandi
Munere et vita cessere
Alter IV non. sept. M.DCCLXIX æt. XXVII
Alter XIV kal. mart. MDCCLXX æt. XXVI
Sagacitate ingenii rerum peritia
Pietatis studio innocentia vitæ
In summa juventute summe commendati
Idem animus vivis idem tumulus mortuis
Hoc dilectissimis filiis
Inter piissimos patris atque aviæ cineres
Amoris erga hos et illos sui monumentum
Mater mœrens posuit
Requiescant simul in Deo
Quem fide et pietate simili coluerunt.

2. André-Jean-Baptiste Bernard de Chanteau, fils de Claude-Charles Bernard de Blancey, appartenait à une ancienne famille du Mâconnais, qui avait un représentant aux États de 1763.

3. Toussaint Bullier, avocat au parlement de Dijon, né à Viécourt, commune de Sussey, canton de Liernais (Côte-d'Or). Son *Éloge* a été publié par Claude Perret, de Verdun, en tête de ses *Observations sur les usages de Bresse*. Dijon, 1773, 2 vol. in-4°.

4. Simon Ranfer, avocat de mérite, fit bâtir le château de Bretenière, près Dijon ; il fut père de Pierre-Bernard Ranfer de Bretenière, maître des comptes

des États en robes noires ; les sieurs Virot et Delapoix, procureurs sindics des États, en manteaux courts et rabats. » [1]

La députation se transporta au palais épiscopal où elle trouva les gardes du prince en haies appuyés sur leurs armes. Un de ses gentilshommes la reçut et la précéda jusqu'auprès de la porte de l'antichambre, d'où un autre gentilhomme la conduisit dans la chambre de S. A. S. qui s'avança pour la recevoir.

L'évêque de Dijon fit un discours, puis les élus se retirèrent dans le même ordre qu'ils étaient venus, reconduits par les mêmes gentilshommes jusqu'où ils les avaient reçus ; après quoi ils se séparèrent, n'étant point rentrés en séance.

« Incontinent après, les commissaires alcades complimentèrent S. A. S. et, attendu le décès de M. de Planhol, chanoine de la cathédrale d'Autun, premier alcade du clergé, la parole fut portée par M. Desplasses [2], prieur commendataire de Perrigny-sur-Loire, vicaire général du diocèse d'Autun, second alcade ; il était en grand manteau et soutane, ayant un bonnet carré, un gant à la main gauche et la main droite nue. MM. d'Availly et de Valetine, alcades de la noblesse, marchaient à ses côtés dans leurs habits ordinaires, le premier à sa droite, le second à sa gauche et, derrière eux, MM. Gai, maire de

---

en 1762, maire de Dijon de 1802 à 1806, aïeul de Simon-Pierre-Bernard-Marie Ranfer de Monceau, baron de Bretenière, conseiller au parlement, puis premier président de la cour royale de Dijon, bisaïeul de Simon-Marie-Eugène-Edmond, conseiller auditeur à la même cour, et trisaïeul de l'abbé Simon-Marie-Antoine-Just de Bretenière, martyrisé en Corée, le 8 mars 1866.

1. Les sieurs Nicaise, maître des comptes, second député de ladite chambre, Pourcher de Musseau, trésorier de France, élu triennal du roi, Varenne père et fils, aussi secrétaires des États et Bannelier, premier conseil des États, n'ayant pu se trouver en la chambre des élus pour être du corps de la députation, savoir : lesdits sieurs Nicaise et Pourcher de Musseau, pour cause de maladie dangereuse, lesdits sieurs Varenne étant pour lors à Paris. (*Reg. des décrets des États.* Cérémonial.)

2. Jean-Baptiste Desplasses, vicaire général et chanoine théologal d'Autun, prieur de Perrigny-sur-Loire à partir de 1760, second alcade du clergé.

Bourbon-Lancy, Tarin, avocat et Marey, premier échevin, substituant les maires des villes de Bar-sur-Seine et Vitteaux, absents, alcades du tiers état, les deux premiers en robes noires et le troisième en manteau court. Ils furent annoncés par M. Roulin, premier secrétaire des commandements de S. A. S. et ne furent reconduits par aucun officier. » [1]

Le même soir, à huit heures, le canon fut tiré de nouveau. C'était le signal convenu pour annoncer aux habitants que le moment d'illuminer leurs maisons était arrivé [2]. Malgré le mauvais temps, chacun rivalisa de zèle et quand le prince se rendit pour souper à l'intendance, les rues qu'il traversa étaient bordées d'une suite ininterrompue de lumières [3]. Le portail de la grande cour du jeu de l'Arquebuse [4], ainsi que le pavillon des fêtes, brillait d'un éclat particulier. Les chevaliers soupèrent en commun en signe de réjouissance [5]. Au retour de Surmoulin, la chambre de ville invita également plusieurs maires de la province à un repas qui coûta 76 livres. [6]

Le Chapitre avait décidé qu'il éclairerait les clochers de la Cathédrale ; mais la neige qui ne cessa de tomber empêcha la réalisation de ce projet. [7]

C'est le dimanche 20, sur l'heure de midi, qu'eurent lieu les compliments des corps de la ville. [8]

---

1. *Reg. des décrets des États.* Cérémonial. — *Carnot de la chambre des élus généraux.*

2. *Reg. de la ch. de ville.* Relation, fol. 44.

3. *Id.* Délib. du 14 nov. 1763, fol. 41.

4. Le buste de Louis XIV ornait la porte, au dessus de laquelle on lisait l'inscription suivante :
   HIC EXERCENDIS APERIT BELLONA PALÆSTRAM
   ÆDVACIS ; ANIMOS AVGET PRÆSENTIA REGIS.

5. *Journal de la Compagnie de l'Arquebuse.*

6. *Reg. de la ch. de ville,* fol. 68.

7. *Reg. capit.* Cérémonial, fol. 1002.

8. « Dimanche 20 novembre. Compliments des corps. Je suis présenté à S. A. S. »

Les délégués de l'église cathédrale et ceux du clergé séculier et régulier se présentèrent les premiers, ayant à leur tête le grand chantre, en l'absence du doyen. [1]

Ils trouvèrent, dans la première cour les gardes du gouvernement en haie avec leurs armes et furent reçus en haut des degrés par l'un des gentilshommes de service, qui leur fit traverser la première salle où se trouvaient les gardes du corps, aussi en haie et sous les armes, et les présenta au prince. M. l'abbé Dupré de Guipy, grand chantre, porta la parole pour tout le clergé [2]; le compliment fini, le secrétaire du Chapitre offrit à S. A. S. de la part de la compagnie les vins d'honneur [3], « qui étaient la marque de la reconnaissance et du respect qu'elle doit à un prince dont la maison a toujours protégé l'Eglise. » [4]

Puis le clergé se retira avec la même cérémonie qu'on lui avait faite en entrant.

Les officiers du présidial vinrent ensuite complimenter le

---

1. Les députés du clergé étaient : Claude Gaspard, *alias* Philibert Dupré de Guipy, grand chantre de la Cathédrale de 1753 à 1770, abbé de la Boissière et prieur de Levoux, mort à l'âge de soixante-huit ans, inhumé le 6 avril 1770, à la Cathédrale ; Thiroux, archiprêtre d'Avallon et les six plus anciens chanoines. (*Reg. capit.* fol. 983.) La réunion eut lieu à la chambre des comptes de l'église cathédrale. Il y eut trois députés de la collégiale, le syndic des curés de la ville, deux députés de l'abbaye de Saint-Symphorien, deux de l'abbaye de Saint-Martin, quatre cordeliers, quatre capucins. (*Reg. capit.* Cérémonial, fol. 1003.

2. Peut-être est-ce cet ecclésiastique qui, sur l'indication de Serpillon, plaça dans son compliment les deux vers suivants, trouvés, dit ce jurisconsulte (*Code criminel*, t. II, p. 1574), dans un ancien manuscrit :

Nomen ab Augusto traxit, quantum decus! ac si
Borbonidem dicas, cresceret inde decus.

3. « Ont délibéré de présenter les vins d'honneur à M. le prince de Condé, invitant MM. Robin et Lenoble, leurs confrères, d'en faire emplète du meilleur qu'ils pourront trouver, c'est-à-dire de la quantité de cent bouteilles pour S. A. S. » *Reg. Capit.* (Délib. du 9 nov. 1763, fol. 982.)

4. Ainsi que le Chapitre l'avait déjà fait, en 1634, à Mgr le duc d'Enghien, et en 1639 à Mgr le duc de Longueville. (*Id.* fol. 1003.)

prince, conduits par leur premier président, M. Roux, fils puîné du maire d'Autun. [1]

Enfin les échevins et le procureur du roi syndic, ses substituts et son secrétaire, qui s'étaient assemblés, en robe violette, chez le vierg, se rendirent tous ensemble au palais épiscopal, précédés des sergents de la mairie, en manteaux, l'épée au côté, et des deux gardes portant des faisceaux. Arrivés au pied du grand escalier, ils furent reçus par le secrétaire des commandements de S. A. et conduits dans la salle des gardes, puis dans la chambre du prince. Le vierg s'avança auprès de S. A. qui était debout, lui fit une profonde révérence et prononça un discours au nom des magistrats et des habitants de la ville. [2]

Au même instant, les vins d'honneur lui furent présentés par le procureur du roi syndic et ses substituts, en huit simaises [3] et six douzaines de bouteilles ; puis le corps de ville sortit dans le même ordre et fut reconduit jusqu'au bas du degré par M. Roulin. [4]

Le soir, le prince soupa au Séminaire, chez M. de Bouillé [5], et la cérémonie du lendemain fut annoncée par le carillon ; le couvre-feu fut sonné avec les grosses cloches, « ainsy qu'on a coutume de le faire les veille et jour de grande solennité. » [6]

IV. *La messe du Saint-Esprit.*—C'est au lundi 21 novembre qu'était fixée l'ouverture des Etats. Dès le matin la messe du Saint-Esprit fut annoncée par le carillon. [7]

---

1. *Reg. de la ch. de ville.* Relation, fol. 44.
2. *Id.* ibid.
3. On nommait simaise, cymaise ou simarre, un vase en étain, muni d'un couvercle et de deux anses ou anneaux, faisant partie de la vaisselledes villes et dans lequel on offrait les vins d'honneur. On transportait la cymaise à l'aide de deux bâtons passés dans les anses.
4. *Reg. de la ch. de ville.* Relation, fol. 44.
5. « Dimanche 20 novembre, souper au Séminaire. »
6. *Reg. capit.* Cérémonial, fol. 1003.
7. *Reg. capit.* Cérémonial, fol. 1004.

Matines se dit à l'heure ordinaire; mais les petites heures, ainsi que l'office de la grand'messe furent avancées d'une heure et demie et célébrées par le chanoine en tour. [1]

Sur les huit heures et demie, Messieurs du clergé se rendirent dans leur chambre et Messieurs de la noblesse dans la leur, conformément au décret de l'année 1753. « Sur les dix heures, M. l'évêque d'Autun, ayant à son côté M. l'évêque de Chalon ; M. l'évêque de Dijon, ayant à ses côtés M. l'évêque d'Auxerre ; après eux M. du Châtel, abbé commendataire de l'abbaye de Rigny et le reste du clergé marchant deux à deux, se rendirent à l'église cathédrale [2] et prirent leur séance à droite, dans les formes hautes et basses de ladite église, qui étaient garnies de tapis. » [3]

« Messieurs du tiers Etat, qui s'étaient assemblés chez M. Rousselot [4], maire de Dijon, président de leur chambre, s'étant rendus dans l'église cathédrale, ont pris leur séance dans six rangs de formes préparées, couvertes de tapis à fleurs de lys, depuis les formes du chœur, jusqu'aux degrés du maître-autel. M. Rousselot, en robe de velours violet doublé de velours couleur de feu et bordée d'hermine sur le devant et sur les manches, étoit à la tête, à droite, du côté du clergé,

---

1. *Id.* ibid.

2. La mese du Saint-Esprit était ordinairement célébrée à la Sainte-Chapelle de Dijon, et les séances se tenaient au *palais des États*, aujourd'hui l'hôtel de ville.

3. *Reg. de la ch. de ville*, Relation, fol. 44. « *Nota*, qu'il n'y eut point de carreaux sous les bras, parce que S. A. S. devoit bientôt paroitre pour assister à la cerémonie et que, lorsque c'est un gouverneur qui n'est pas prince du sang, ou un lieutenant général qui tient les Etats, MM. les évêques et M. l'abbé de Cisteaux ont le droit d'avoir des carreaux sous leurs bras. MM. les évêques étoient en camail et rochet, le sieur abbé du Chastel y estoit aussi. MM. les doyens, députés et prieurs séculiers en longs manteaux et bonnets quarrés et MM. les prieurs réguliers en leurs habits de religion. » (*Reg. des décrets des États.* Cérémonial.)

4. *Reg. des décrets des États.* Cérémonial. — *Var.* dans leur chambre. (*Reg de la ch. de ville.* Relation, fol. 44.)

avec partie des maires des villes de la province, suivant leurs rangs, en robe de satin violet, et les échevins, ou seconds députés, chacun auprès des maires de leurs villes. M. Gouget-Duval, maire de Seurre, élu du tiers état, à la tête des formes, à gauche, du côté de la noblesse, et le reste des maires et échevins, ayant des robes semblables et des chapeaux comme leurs confrères. » [1]

Les officiers des Etats se rendirent aussi à l'église, chacun en particulier : MM. Bernard de Blancey, Rigoley de Puligny et Bernard de Chanteau, secrétaires, en leurs habits ordinaires, prirent place sur une forme à droite, du côté du clergé, plus avant que celle du maire de Dijon; vis-à-vis les marches de l'autel, était assis, en ses habits ordinaires, M. Rigoley d'Ogny, trésorier général des Etats, MM. Bullier et Ranfer, conseils, en robes noires, et les sieurs Delaproix et Virot, procureurs syndics en rabats et petits manteaux, prirent place sur une forme disposée de la même manière que celles des secrétaires et à gauche, du côté de la noblesse, plus avant que celle où était l'élu du tiers Etat. [2]

Les huissiers [3], en habits noirs et cravates, ayant baguettes en main, étaient debout, plus avant; savoir, deux à la tête de la forme où étaient les secrétaires, et les deux autres à la tête de la forme où était le trésorier général. [4]

En même temps, les chanoines et le bas chœur s'assemblaient à l'église pour assister à la cérémonie. [5]

Sur les dix heures, M. Fyot de La Marche, premier président du parlement de Bourgogne, en robe et soutane noires,

---

1. « Le maire de Charolles a siégé après le maire de Bar-sur-Seine, attendu la réunion du comté de Charollais aux Etats généraux, par édit du mois de mars 1751 et les députés du comté de Mâconnais après tous les maires et députés. » (*Reg des décrets des États*. Cérémonial.)

2. *Id*. ibid.

3. Charault, Cappel, Albert et Géraudet. (*Id*. ibid.)

4. *Id*. ibid.

5. *Reg. capit.* Cérémonial, fol. 1005.

— 48 —

et M. Dufour de Villeneuve, intendant de ladite province, en robe de maître de requêtes, ayant tous deux leurs chapeaux, se rendirent dans l'appartement du prince. Le comte de La Guiche, lieutenant général pour le roi, en ses habits ordinaires, MM. Millot de Lacraye et Lemoine, trésoriers de France, ayant des robes de velours noir et des chapeaux, aussi de velours, garnis de cordons d'or, et tout le corps de la noblesse, ayant à sa tête le comte de Vienne, s'y rendirent également. [1]

A onze heures, le son des cloches, lancées à toute volée [2], annonça que S. A. S. se mettait en marche. Elle sortit de ses appartements précédée de trois brigades de la maréchaussée d'Autun, sous les armes, ayant à leur tête le sieur Taisne de Raymonval, prévôt général, le sieur Lhuillier, son lieutenant, le sieur Roux, prévôt desdites brigades, le prévôt des brigades de Bourg et de Chalon-sur-Saône et les lieutenants de Mâcon et de Charolles. [3]

Les gardes du gouvernement, ayant M. de Monterant, leur capitaine, à leur tête, marchaient après la maréchaussée ; ils étaient suivis des gardes et des valets de pied du prince, sous les ordres du contrôleur des écuries [4] et des pages, tous tête nue, précédés de M. de Fransières, leur gouverneur. [5]

Ensuite, venaient Messieurs de la noblesse, suivis de M. le comte de Vienne, leur président [6] ; puis le lieutenant général, et immédiatement après eux marchait S. A. S. qui avait quatre de ses gardes à ses côtés ; un peu derrière elle suivaient le premier président à sa droite, l'intendant à sa gauche ; après eux, M. Millot de Lacraye à droite et M. Lemoine à gauche ;

---

1. *Reg. des décrets.* Cérémonial.
2. *Reg. capit.* Cérémonial, fol. 1004.
3. *Reg. des décrets.* Cérémonial.
4. Le nom du contrôleur des écuries est resté en blanc dans le *Registre des décrets*.
5. *Id.* ibid.
6. Le président de la chambre de la noblesse était toujours l'élu de la triennalité précédente.

derrière S. A. étaient le comte de Jaucourt, capitaine de ses gardes, le comte de Maillé, premier gentilhomme de sa chambre, le marquis de Chamborant, son premier écuyer, M. Roulin, premier secrétaire de ses commandements, et plusieurs autres officiers de sa maison. [1]

La maréchaussée pénétra dans la nef de la Cathédrale et forma une double haie près de la porte d'entrée. Les gardes du gouvernement y formèrent aussi une double haie, au dessus de la maréchaussée, jusqu'à la porte du chœur. Les gardes du prince, ses valets de pied et ses pages, qui le précédaient, entrèrent dans le chœur.

La noblesse, qui venait ensuite, prit place à gauche, dans le chœur, sur les formes hautes et basses qui lui avaient été préparées, le comte de Vienne, à sa tête, vis-à-vis de l'évêque d'Autun, ayant comme lui, un carreau sous ses genoux; leurs siéges étaient garnis, comme ceux du clergé; le comte de Vienne n'eut point non plus de carreau sous les bras, à cause de la présence du prince de Condé.

S. A. S. fut reçue à la grande porte par l'évêque d'Autun, qui s'y était rendu processionnellement, précédé du porte-croix, revêtu d'une chappe rouge et de deux enfants de chœur, avec leur tunique de même couleur.

Le révérend évêque, en étole et chape rouge [2], avec sa mitre et son bâton pastoral, suivait immédiatement la croix, accompagné de ses deux chanoines d'honneur, en chape de drap d'or et de deux chapelains revêtus de chapes de velours rouge. L'un portait une croix, l'autre un bénitier, avec le goupillon. Le prélat était encore accompagné de son *porte-croche* [3], revêtu de ses habits de chœur.

---

1. *Reg. de la ch. de ville*, Relation, fol. 45. — « *Nota.* Il n'y eut ni compagnie franche ni compagnie d'invalides rangées en hayes, comme il se pratique à Dijon, attendu qu'elles n'avoient pas été mandées par S. A. S. » (*Reg. des décrets.* Cérémonial.)

2. *Reg. capit.* Cérémonial, fol. 1006. — *Var.* de drap d'or. *Reg. des décrets*, Cérémonial, et Serpillon, *Code criminel*, tome II, p. 1572.)

3. Pendant longtemps, on a dit indifféremment, pour désigner le bâton

Tout le clergé venait à la suite, les plus anciens chanoines précédant les nouveaux.

Quand le prince fut arrivé sous l'orgue, dont les deux côtés étaient ornés de tapisserie de verdure, le sacristain mit à ses pieds un carreau de velours cramoisi à galons d'or, sur lequel il s'agenouilla. L'évêque lui présenta la petite croix à baiser, et ensuite le goupillon. Auprès du prince se trouvait son aumônier, en rochet et manteau long. [1]

S. A. S. s'étant relevée, le prélat lui fit sur le champ un compliment. [2]

Après quoi, tandis qu'on chantait le *Te Deum* en musique, le clergé du Chapitre rentra au chœur précédé de la croix, suivant l'ordre ordinaire des processions. L'évêque marchait à côté du prince qu'il ne quitta, pour prendre sa place de président aux Etats, qu'après lui avoir fait une profonde inclination, quand il fut placé sur le prie-Dieu qui lui était destiné. [3]

Devant le prince, à droite et hors du bord du tapis, s'agenouilla, sur un carreau, le comte de La Guiche, lieutenant général pour le roi.

Derrière lui, aux deux coins et hors des bouts du tapis, se mirent à genoux le premier président du parlement à droite et l'intendant de la province à gauche, sur des carreaux pareils à celui du comte de La Guiche.

Encore derrière les premier président et intendant, étaient les trésoriers de France, sans carreaux.

Enfin, derrière le fauteuil du prince, le comte de Jaucourt se mit à genoux, aussi sans carreau.

---

pastoral des évêques, crosse ou *croche*, ainsi qu'on peut s'en convaincre par cette phrase tirée de la *Chronique de Reims*, n° 104. « Et puis li mit on la croche en la main seniestre. »

1. Le nom de l'aumônier est resté en blanc dans le registre des décrets des Etats.

2. *Reg. capit.* et *Reg. des décrets*, Cérémonial.

3. *Reg. capit.* Cérémonial, fol. 1004 et 1005. — Gagnare, *Hist. de l'Église d'Autun*, p. 282.

Les gardes de S. A. s'étaient rangés en haie entre les formes de l'église, à la réserve de quatre, qui étaient auprès d'elle et qui y restèrent. Les pages se mirent à genoux, aux deux côtés de l'autel, le long des degrés, M. de Fransière, à leur tête; les valets de pied étaient précédés du contrôleur des écuries.

L'aumônier du prince se mit à genoux à côté de lui et les chanoines, en surplis et en aumusses, se placèrent à double rang, à droite et à gauche, depuis le prie-Dieu de Son Altesse, jusqu'aux marches de l'autel. [1]

Les élèves du petit Séminaire se groupèrent dans l'une des chapelles [2], et le reste de l'église fut bientôt envahi par une foule curieuse et empressée. [3]

A ce moment, le chanoine en tour, hors semaine, précédé de deux massiers, de deux enfants de chœur en dalmatique rouge, portant chacun un chandelier, et de deux chapelains prêtres, revêtus de chapes, sortit de la sacristie. Arrivé à l'entrée du sanctuaire, ils firent une génuflexion, puis se tournèrent du côté du prince pour lui faire un profond salut; après quoi la messe du Saint-Esprit commença. Elle fut dite à basse voix, avec la prose et la préface; à la postcommunion on récita une oraison pour le roi.

Pendant l'office, le maître de musique d'Autun fit exécuter un motet à grande symphonie par les musiciens de la ville et par des étrangers qu'on avait fait venir. [4]

Après l'évangile, le premier chapelain assistant le prêtre porta au prince le livre à baiser; en approchant de S. A. S. et en se retirant, il lui fit une profonde inclination.

Avant la communion, le second chapelain porta au prince

---

1. *Reg. des décrets.* Cérémonial.

2. « Ont consenti de donner à M. le supérieur du petit Séminaire, une chapelle de leur église pour y placer, pendant la messe du Saint-Esprit, tous MM. les petits séminaristes, sur la demande qu'il en a fait faire au Chapitre, et ce, sans tirer à conséquence. (*Reg. capit.* Délib. du 18 nov. 1763, fol 993.)

3. « Lundy, 21 nov. ouverture des Etats. Je vais à la Cathédrale, etc. »

4. *Reg. de la ch. de ville.* Relation, fol. 45.

l'instrument de paix à baiser, en observant les mêmes inclinations que ci-dessus.

Une demoiselle de condition, accompagnée du gouverneur d'Autun fit, pendant la messe, la quête dans le chœur, pour les pauvres de l'Hôpital général. [1]

V. *L'ouverture des États et les fêtes.* — La messe étant terminée, les quatre huissiers des Etats, deux d'un côté, deux de l'autre, quittèrent le chœur par les portes latérales, ainsi que les officiers des Etats, et se rendirent dans la nef. Le corps du clergé et celui de la noblesse sortirent par la porte du milieu : après quoi, le défilé eut lieu dans l'ordre suivant : les quatre huissiers des Etats, tous quatre de front ; ensuite les procureurs syndics, puis les conseils, les secrétaires et, au milieu d'eux, le trésorier général ; puis tout le corps du tiers état, qui avait à sa tête M. Rousselot, maire de Dijon, son président, accompagné de ses deux échevins, l'un à droite et l'autre à gauche ; M. Gouget-Duval, élu du tiers état, à gauche de M. Rousselot, sur la même ligne. Les autres maires suivaient, chacun selon son rang, ayant à sa gauche son député.

Après le tiers état marchaient, sur deux lignes, MM. du clergé à droite et MM. de la noblesse à gauche, ayant à leur tête l'évêque d'Autun et le comte de Vienne. [2]

Arrivés dans la grande salle des séances, MM. du clergé se rangèrent à droite. Les évêques d'Autun, Chalon, Dijon et

---

1. *Reg. capit.* Cérémonial, fol. 1007.

2. « Les sergents du maire de la ville de Dijon, qui avaient suivi le corps des États et étaient entrés dans le vestibule du palais, y restèrent ; les quatre huissiers des États entrèrent dans la partie du palais qui est entre la porte et la séance, d'où ils ouvrirent les quatre portes par où les trois corps des États devaient entrer ; la cinquième, qui est au milieu, fut ouverte par deux gardes de S. A. S. pour laisser passer les officiers des États allant au parquet où ils se placèrent et ladite porte ayant été refermée, fut ouverte de nouveau lorsque S. A. S. parut. » (*Reg. des décrets.* Cérémonial.)

Auxerre se placèrent dans quatre fauteuils couverts de tapisserie à fond bleu semé de fleurs de lys, avec les armes de la province; le reste du clergé à la suite, sur des banquettes couvertes de pareils tapis.

MM. de la noblesse prirent place à gauche, le comte de Vienne vis-à-vis l'évêque d'Autun, dans un fauteuil pareil au sien, et le reste de la noblesse sur des banquettes semblables à celles du clergé.

MM. du tiers état s'assirent sur des banquettes hautes, à l'aspect du fond de la salle, couvertes de semblables tapis et séparées par un passage qui conduisait au parquet; M. Rousselot à droite, du côté du clergé, dans un fauteuil pareil à celui des deux autres présidents; du côté de la noblesse et à la tête de la première banquette, où il y avait deux bras de bois infixés, était M. Gouget-Duval, élu du tiers état, et son échevin à gauche, ensuite les autres maires et députés des villes de la province, suivant leur rang. [1]

Les officiers des Etats s'étaient rendus à leur parquet par le passage du milieu.

La tribune, le grand parquet et les gradins derrière la balustrade, étaient occupés par un grand nombre de personnes distinguées, que la nouveauté de ces fêtes avait réunies. [2]

Pendant ce temps, on chantait un motet à l'église où était resté le prince de Condé.

Quand le corps des Etats fut prêt d'être placé, tout le clergé de la Cathédrale, les nouveaux suivis des anciens, reconduisit processionnellement le prince jusqu'à la porte, sous l'orgue. [3]

A sa sortie, comme à son entrée, on sonna toutes les cloches [4] et la ville fit tirer le canon. [5]

---

1. *Reg. de la ch. de ville*. Relation, fol. 45. — *Reg. des décrets*. Cérémonial.
2. *Id.* ibid.
3. *Reg. capit.* Cérémonial, fol. 1007.
4. *Id.* ibid.
5. *Reg. de la ch. de ville*. Relat., fol. 45.

S. A. S. précédée de la maréchaussée, des gardes de la porte, de la compagnie de ses gardes, avec timbaliers et trompettes, de ses valets de pied et de ses pages, et suivie du capitaine de ses gardes, du premier gentilhomme de sa chambre, de son premier écuyer, du secrétaire de ses commandements, des gentilshommes et autres officiers de sa maison, qui étaient restés avec elle, se rendit à pied, au palais des Etats, dans la salle destinée à l'assemblée générale. Le prince entra par les degrés du milieu et se plaça dans un fauteuil de velours bleu, parsemé de fleurs de lys d'or, sous un dais à la pente duquel était attaché le portrait du roi ; à l'impériale, se trouvaient les armes de France, en broderie d'or. Le fauteuil était élevé sur une estrade de deux degrés, couverte d'un tapis.

Le comte de La Guiche se plaça à gauche du prince, près de l'estrade, le premier président à droite, à deux pieds de ladite estrade, et l'intendant près de M. de Lamarche.

Les trésoriers de France s'assirent près de M. de La Guiche, dans des fauteuils à bras de bois, non couverts de tapisserie ; MM. de Jaucourt, de Maillé, de Chamborant et Roulin sur un banc derrière le fauteuil du prince. [1]

La séance ainsi réglée, M. Millot de Lacraye, trésorier, ayant demandé à S. A. S. si elle souhaitait que l'on commençât, a fait un discours et a présenté à S. A. S. les lettres du roi pour la convocation des Etats. Elle lui a dit de les remettre à M. de Blancey, qui les donna à M. Carré [2] pour en faire la lecture. S. A. S. a pris ensuite la parole et, dans un discours qui a charmé tout l'auditoire [3], a dit : « Que le zèle de la province de Bourgogne pour l'exécution des volontés du roi lui était connu depuis longtemps, qu'il l'avait fait valoir à Sa Majesté avant de partir pour se rendre à Autun et que

---

1. *Id.* ibid.
2. *Id.* ibid. — *Var.* au sieur Voituret. (*Reg. des décrets.* Cérémonial.)
3. *Reg. de la ch. de ville.* Relat., fol. 45.

les commissaires du roy chargés de ses ordres feraient part à l'assemblée de ses intentions. » [1]

Puis, le premier président ayant salué S. A. S., lui a répondu. Son discours terminé, l'intendant présenta au prince la commission qu'il avait pour assister aux Etats et pour les requérir d'accorder au roi un million de livres, en don gratuit extraordinaire; S. A. lui ayant dit de la remettre à M. de Blancey, ce dernier la donna au sieur Carré [2] pour en faire la lecture : l'intendant, après avoir salué le prince, fit à son tour un discours.

L'évêque d'Autun, parlant ensuite au nom de la province, a adressé la parole au prince en le qualifiant de Monseigneur et de S. A. et a fini en disant que les Etats délibéreraient sur la proposition d'un million de livres qui avait été faite.

Toutes les harangues finies, S. A. S. leva la séance et se rendit dans son appartement, au palais épiscopal. [3]

« Peu de temps après, le corps des Etats, qui était demeuré en séance, est parti pour aller complimenter le prince. Le cortége précédé des quatre huissiers, ayant à sa tête l'évêque d'Autun en camail et rochet à la droite, le comte de Vienne à gauche et, au milieu d'eux, un peu derrière, le maire de Dijon, en robe de velours violet, et, après eux, le corps des Etats confusément, se sont rendus au palais épiscopal, où ils ont été reçus par un gentilhomme ; à la porte de la salle des gardes, par un autre gentilhomme ; à la porte de la première antichambre par le comte de Maillé, premier gentilhomme, qui les conduisit dans la chambre du prince. S. A. S. s'avança plusieurs pas pour les recevoir. L'évêque d'Autun, ayant des gants aux mains, fit un discours, auquel le prince ayant répondu, les Etats se retirèrent. S. A. S. les reconduisit plusieurs

---

1. *Reg. des décrets.* Cérémonial.

2. *Var.* au sieur Voituret. (*Reg. des décrets.* Cérémonial.)

3. *Reg. de la ch. de ville.* Relat., fol. 45.

pas, et les gentilshommes, chacun jusqu'à l'endroit où il les avait reçus. » [1]

Les gardes de la porte [2] étaient en haie, à leur poste, et ceux de S. A. S. au leur, appuyés sur leurs armes, leurs officiers à leur tête, lorsque les Etats passèrent dans la cour, tant en allant qu'en revenant.

Le même jour, à trois heures de relevée, les corps du clergé, de la noblesse et du tiers état s'assemblèrent, chacun dans les chambres qui leur avaient été préparées aux Jésuites, et commencèrent leurs séances à la manière accoutumée [3], c'est-à-dire en choisissant les officiers de la triennalité suivante [4] et en opinant sur la demande d'un million de livres en don gratuit extraordinaire.

Quand ces choix furent terminés et que les Etats eurent opiné sur cette demande, les trois ordres nommèrent chacun une députation particulière de six personnes, pour porter au prince les noms de ceux qui avaient été nommés et dire à

---

1. *Id.* ibid.
2. *Var.* du gouvernement. (*Reg. des décrets.* Cérémonial.)
3. *Reg. de la ch. de ville.* Relat., fol. 46.
4. Ont été nommés : Élus, Jean-Marie du Chastel, abbé commendataire de l'abbaye de Rigny, *pour le clergé;* Philippe-Louis, marquis de Chastellux, *pour la noblesse;* Jean-Claude Baudesson, maire d'Auxerre, *pour le tiers état.* — Alcades, de Lagoutte, prieur de Sainte-Magnance; Tisserand, chanoine de l'église cathédrale de Chalon-sur-Saône, *pour le clergé;* de Frasans d'Avirey, pour le comté de Bar-sur-Seine, et Jacquot de Neuilly pour son substitut; de Simony, pour le bailliage de Dijon, et Thomas d'Islan, pour son substitut, *pour la noblesse;* Saulnier de la Noue, maire de Charolles, et Saulnier de la Noue, son fils, avocat, pour son substitut; Venot, maire de Montcenis, et Venot, son fils, licencié ès lois, pour son substitut; Louis Baudot, maire de Saint-Gengoux, et de Laval, maire de Tournus, pour son substitut, *pour le tiers état.* — Rapporteurs des requêtes, Develle, prieur de Saint-Laurent d'Hauteville, et Chapelot, chanoine de la cathédrale de Dijon, *pour le clergé;* le marquis de Courtivron et de Neuilly, *pour la noblesse;* Toussaint Roux, maire d'Autun, et Champion, maire d'Avallon, *pour le tiers état.* — Orateurs, Frémont, chanoine, député de l'Église d'Autun, *pour le clergé;* le marquis de Folin, *pour la noblesse;* Daubenton, maire de Montbard, *pour le tiers état.* (*Reg. des décrets.* Délib. du 21 nov. 1763.)

— 57 —

S. A. S. que les trois chambres des Etats, pour donner des marques de leur soumission et de leur zèle pour le service du roi, avaient unanimement accordé à S. M. le don gratuit demandé « sans avoir égard à l'épuisement où sont réduits les peuples de la province par les mauvaises récoltes qui se sont continuellement faites », mais qu'ils étaient chargés de la supplier très humblement de leur accorder sa puissante protection auprès du roi, afin d'obtenir une modération proportionnée à la misère des peuples. [1]

Les députés de retour dans leur chambre rapportèrent que S. A. S. leur avait dit qu'elle était persuadée que leur soumission serait très agréable au roi, et que, sur la représentation qu'elle lui avait déjà faite de l'épuisement de la province, S. M. l'avait chargée de leur dire qu'elle se contenterait de 900,000 livres; sur quoi, les trois corps des Etats choisirent une nouvelle députation de six personnes de chaque chambre, pour faire à S. A. S. de très humbles remerciments de la réduction qu'elle avait eu la bonté d'obtenir du roi et pour la supplier de vouloir bien demander à S. M. la continuation des crues sur le sel, pendant les années 1763, 1764 et 1765, pour subvenir au paiement du don gratuit. Enfin, la séance fut levée après la fixation de l'assemblée du lendemain. [2]

Le soir, le prince soupa, comme la veille, à l'intendance, avec Mmes de Fussey, de Mandelot, de Menessère, etc. [3]

Le lendemain, mardi 22, il entendit, selon sa coutume, la

---

1. Ces députés étaient : *pour le clergé,* l'évêque de Dijon, l'abbé du Chastel, l'abbé de Bretagne, l'abbé Frémont, l'abbé de Fénelon, dom Joutet; *pour la noblesse,* le marquis de Chastellux, le marquis de Damas, le marquis de Crux, le marquis de Courtivron, le marquis de Menessaire, le marquis de Thyard ; *pour le tiers état,* Roux, maire d'Autun, Maufoux, maire de Beaune, Perrault, maire de Chalon-sur-Saône. (*Reg. des décrets.* Délib. du 21 nov. 1763.)

2. *Id.* Cérémonial.

3. « Lundy 21 nov. Je soupe à l'intendance avec S. A. S., mesdames de Fussey, Mandelot, Menessère, etc., etc.; je joue au tril. »

messe à laquelle les Autunois de distinction se firent un honneur d'assister pendant toute la durée des Etats [1]. Dans la matinée du même jour, les trois ordres tinrent séance et votèrent le don gratuit ordinaire de 53,000 livres.

Le soir, il y eut réunion à l'évêché, souper chez M. d'Ogny et concert chez Mme de Morcoux.

Le mercredi 23, on tint, comme la veille, séance aux Etats. Après la messe, vers midi, le prince reçut les chevaliers de l'Arquebuse [2]. S. A. S. « environnée d'une cour nombreuse et également respectable », fit appeler la compagnie par M. Roulin, secrétaire de ses commandements. M. Missolier, l'un des chevaliers, chargé du compliment le fit en ces termes :

MONSEIGNEUR,

Saisis de l'admiration que nous inspire la présence de V. A. S , éblouis de la gloire qui l'environne, et pénétrés du plus profond respect devant un prince dans les veines duquel nous voyons couler le sang de nos roys ; d'un prince qui, réunissant en luy toutes les glorieuses qualités des grands Condé, ses illustres ancêtres, est devenu, dès ses premières campagnes, le héros de la France, l'appuy du trône, la terreur des ennemis de l'État et les délices de la nation, nous ne pourrions que trop faiblement faire l'éloge de toutes les vertus héroïques que nous voyons briller en vous, Monseigneur, avec tant d'éclat et qui vous distinguent, autant que votre auguste naissance, parmi les plus grands généraux de notre siècle.

C'est à l'histoire qu'appartient cet éloge ; c'est à elle de consacrer et de transmettre à la postérité la plus reculée, cette profondeur, cette élévation de génie dans les projets, cette vaste étendue de lumières, cette sagesse dans le choix des moyens, cette magnanimité, cette précision, cette grandeur d'âme dans l'exécution, cette admirable présence d'esprit, ce courage, cette intrépidité dans les combats, cette

---

1. « Mardy 22 nov. Je vais à la messe du prince. Je dîne chez M. de Lamarche. Je vais le soir chez le prince, souper chez M. d'Ogny, concert chez Mme de Morcoux. »

2. *Reg. de la ch. de ville.* Cérém., fol. 46. — *Journal des chevaliers de l'Arquebuse.*

bonté, cette modération, cette clémence dans la victoire, toutes ces vertus enfin que vous possédez, Monseigneur, dans le degré le plus éminent et qui vous rendent à jamais l'exemple et le modèle des plus grands princes.

Qu'il nous soit donc seulement permis, Monseigneur, d'exprimer à V. A. S. les transports de joie et d'allégresse que votre présence fait naître dans tous les cœurs et qu'une compagnie militaire, qui a le bonheur d'être sous vos commandements, partage avec tous les citoyens de cette ville.

Permettez aussi, Monseigneur, que, dans l'épanchement que nous prenons la liberté de faire aux pieds de V. A. S. de nos sentiments les plus sincères, nous osions l'assurer de notre amour et de notre fidélité pour le roy, notre auguste monarque, de nos vœux les plus ardents pour la durée de son règne et pour celle de vos jours, de notre zèle pour la patrie et d'une entière soumission aux ordres de V. A. S. que nous supplions très humblement de vouloir bien nous accorder sa puissante protection.

Le compliment fini, S. A. S. fit la grâce à la compagnie de lui donner des marques de sa bonté. En parlant au sieur Missolier qui l'avait complimentée, elle s'exprima en ces termes :

« Témoignez de ma part à la compagnie de l'Arquebuse, combien je suis sensible et satisfait. » [1]

Après cette visite, les chevaliers s'assemblèrent à leur pavillon et décidèrent que, pour conserver le souvenir des bontés du prince, il serait tenu registre de tout ce qui s'était fait par la compagnie à l'occasion de l'arrivée de S. A. S. et de son séjour à Autun et que, pour plus grand témoignage de son amour, de son profond respect et de sa soumission, la compagnie demeurerait assemblée, les chevaliers dans leurs habits uniformes, pendant tout le temps que S. A. S. séjournerait dans la ville. [2]

Le même jour, il y eut dîner chez le prince et souper à l'intendance. [3]

---

1. *Journal des chevaliers de l'Arquebuse.*
2. *Id.*
3. « Mercredy, 23 nov. Je vais à la messe et dîne chez S. A. S. Le soir je soupe à l'intendance. »

Le jeudi, quatrième séance des Etats. Le prince dîna chez le premier président et invita, le soir, à l'évêché, l'élite de la société d'Autun à un souper qui fut suivi d'un bal. [1]

La table du prince était toujours délicatement servie, si l'on en juge par la quantité de vins, poissons et gibier [2] que lui offrit la ville d'Autun [3]. L'eau qu'il buvait provenait d'une fontaine du parc de Montjeu, réputée pour ses précieuses qualités. [4]

Aussi bien, le palais épiscopal offrait des ressources exceptionnelles pour la décoration d'une table princière.

De nos jours, les corbeilles de fleurs naturelles et les surtouts de métal font l'ornement d'un couvert élégamment servi. Au siècle dernier, la mode était aux plateaux de glace, bordés de cuivre argenté et surmontés de bouquets de fleurs artificielles; on les multipliait à l'infini et, entre chacun d'eux, on

---

1. « Jeudy, 24 nov. Je vais à l'évêché, je dîne chez M. le premier président avec S. A. S. Souper à l'évêché et bal après le souper. »

2. Le gibier et le poisson offerts en présent coûtèrent 1574^l 19^s. (*Reg. de la ch. de ville*, fol. 66.) L'abbé de Fénelon, prieur de Saint-Sernin vendit à lui seul, pour 432^l de poissons. On paya 3^l 15^s à l'exprès qui alla le chercher. (*Id.*, fol. 63.)

3. Nous n'avons pu nous procurer de plus amples détails à ce sujet. Cependant, pour donner une idée du luxe qui régnait pendant les États, nous dirons qu'en 1739, le comte de Roussillon, président de la chambre de la noblesse, pendant un séjour de vingt-un jours à Dijon, dépensa 13,766^l 17^s. Les mémoires des bouchers, rôtisseurs, boulangers, pâtissiers, confiseurs, épiciers, poissonniers, laitiers, jardiniers, vinaigriers, moutardiers, bouquetiers, chaudronniers, marchands de vin et de bois, montent à 4,994 livres, sans compter le maître d'hôtel, qui fut payé 600 livres, le chef de cuisine, 288 livres, les aides, garde-vaisselle, sommeliers, buffetiers, chef de rôtisserie, tourne-broche, laveuses, etc. (*État des mémoires de tous ceux qui ont fourni M. le comte de Roussillon, pendant la tenue des États de Bourgogne en l'année* 1739. Communiqué par M. le Dr X. Gillot.)

4. « Le 11 novembre, payé 8 livres pour trois paniers d'osier achetés pour aller chercher de l'eau à Montjeu, tant pour S. A. S. que pour M. l'intendant. — Le 24 novembre, payé 104^l 5^s pour bouteilles prises chez Lambert, pour aller chercher de l'eau à Montjeu pour S. A. S. et pour M. l'intendant, et pour tirer le vin en bouteilles. » (*Reg. de la ch. de ville*, fol. 64 et 65.)

plaçait un compotier en porcelaine de Chine ou du Japon, ou bien encore des groupes, également en porcelaine, représentant des amours, des génies, des fleuves, des héros de la fable, des sujets mythologiques ou des scènes champêtres, tels que Bacchus, Mercure, Pomone, Apollon et Daphné, des flamands dansant, un jardinier et une jardinière, un homme et une femme caressant chacun un chien. Ces plateaux et ces groupes conservés dans l'office de M. de Bouillé, durent figurer sur la table du prince. [1]

D'ailleurs, cet usage existe encore en Italie, dans quelques rares palais où les habitudes et le mobilier du dix-huitième siècle ont été scrupuleusement conservés. [2]

Le vendredi 25 novembre, après la séance des Etats [3], tous les maires et députés des villes en robe violette, à la tête desquels était le maire de Seurre, élu du tiers état, ayant à sa droite le sieur Roux, maire d'Autun, et à sa gauche le sieur Bouhèret, son député, se rendirent au palais du prince [4] pour

---

1. Inventaire dressé après le décès de M. de Bouillé. (Arch. du greffe du tribunal civil d'Autun.)

2. Voici la description d'un dîner offert en 1864, à l'ambassadeur de France à Rome, par le prince Corsini, l'un des plus riches seigneurs de cette ville ; son palais, situé dans le Transtevère, est orné avec toute la richesse et la profusion du dix-huitième siècle. « La salle à manger a des proportions gigantesques. Il est inutile de parler de la somptuosité du service ; seulement, il était facile de voir, à la qualité du dîner, que le vieux prince était de la bonne race de ces diplomates qui accordent à un dîner presque autant d'importance qu'à une dépêche. La table était chargée de cristaux anciens et d'argenterie massive. Mais c'était surtout *la collection de statuettes de Saxe, dont la nappe était couverte,* qui excitait la convoitise des convives. » (Henry d'Ideville, *Journal d'un diplomate en Italie*; Rome, 1862-1866, deuxième édition ; Paris, Hachette, 1873, p. 144.)

3. En exécution de la délibération qui avait été prise le 23 du même mois. *(Reg. des décrets.)*

4. Une grave contestation s'éleva dans cette circonstance au sujet des préséances entre les députés de la ville de Dijon et le maire d'Autun et son député. Le corps du tiers état s'étant mis en marche précédé du maire de Seurre, élu, tenant la place du président et ayant à ses côtés les deux

— 62 —

l'assurer de leur respect. Ce fut le maire de Seurre qui porta la parole. [1]

Le soir, il y eut concert chez Mme de Morcoux. [2]

Le samedi, les Etats tinrent leur sixième séance. Ce fut le jour choisi par le prince pour donner au clergé un diner pendant lequel le sieur Bouhèret, avocat et premier échevin de la ville d'Autun, accompagné du sieur Missolier, son subsistut, tous deux en robes noires, s'avança au milieu de la table et fit à S. A. S. un compliment, en lui présentant les vins d'honneur, portés par les valets de la ville en huit simaises et six douzaines de bouteilles [3]. Après le repas, le prince se rendit au jeu de paume, où le rejoignirent plusieurs Autunois de distinction. [4]

Le dimanche 27, il n'y eut pas de séance aux Etats. S. A. S. invita la noblesse à sa table. Pendant le diner, le sieur Bouhèret et le sieur Delatroche [5], procureur du roi syndic, présen-

députés de la ville de Dijon, lesquels se prétendaient en possession immémoriale et jusque-là incontestée, d'être de droite et de gauche du président de l'assemblée, survint le maire d'Autun, qui se plaça à la droite du maire de Seurre, entre lui et le premier échevin de Dijon, prétendant qu'il devait remplacer le maire de cette ville, lors absent. Malgré leurs représentations, les députés de Dijon, ne purent parvenir à faire départir le maire d'Autun d'une prétention qui leur parut extraordinaire et de laquelle il résultait selon eux que, si le maire de Dijon était absent, ses députés n'avaient plus aucun rang. Le maire d'Autun répondait que le droit attaché à sa place était de remplacer partout le maire de Dijon, et qu'il ne devait, en aucun cas, être précédé par les députés de cette dernière ville.

On décida que les parties fourniraient respectivement leurs mémoires et supplieraient le prince de vouloir bien régler leurs différends, pour qu'à la triennalité suivante la contestation fût terminée. — Nous n'avons pas trouvé la solution donnée à ce débat.

1. *Reg. de la ch. de ville.* Relation, fol. 46.
2. « Vendredy, 25 nov. Je vais au concert chez Mme de Morcoux. »
3. *Reg. de la ch. de ville.* Relat., fol. 46.
4. « Samedy, 26 novembre. Je vais chez S. A. S. à la messe... je vais au jeu. »
5. Pierre Delatroche, notaire et procureur, marié en 1746 à Claudine-Marie Brunet.

tèrent encore au prince, avec le même cérémonial que la veille, des vins d'honneur en égale quantité. [1]

On tint séance les lundi 28, mardi 29 et mercredi 30 novembre. Le lundi, le prince donna le repas au tiers état. Le compliment fut prononcé par le sieur François [2], troisième échevin, accompagné du sieur Delatroche, tous deux en robe noire. S. A. leur ayant dit de rester à dîner, ils allèrent ôter leur robe et revinrent en collet et manteau court se mettre à table [3]. Le prince soupa le soir chez M. d'Ogny. [4]

Le mercredi, S. A. S. reçut à dîner les magistrats du bailliage et du présidial et se rendit ensuite au jeu de paume. [5]

VI. *Travaux des États*. — Si nous arrêtions ici notre récit, on pourrait croire que la session des Etats se passait tout entière en compliments et en festins. Sans doute, on donnait à ces réunions des principaux personnages de la province une pompe qui imposait le respect et frappait les masses ; mais, pour autant les affaires sérieuses n'étaient pas négligées : on va pouvoir en juger par un aperçu rapide des diverses décisions prises pendant cette session.

Si la plus haute attribution des Etats était le vote de l'impôt, sa répartition avait bien aussi quelque importance. L'étude du *Registre des décrets* [6] va nous faire connaître la variété des

---

1. *Reg. de la ch. de ville.* Relat., fol. 46.

2. André François, exerça la médecine à Autun de 1747 à 1790, époque de sa mort.

3. *Reg. de la ch. de ville.* Relat., fol. 46.

4. « Lundy, 28 novembre. Je dîne chez M. le premier président ; nous allons à la messe du prince ensemble. Je vais le soir chez le gouverneur et chez Mme de La Guiche ; souper chez M. d'Ogny de M. le prince de Condé. Je reviens avec le gouverneur. — Mardy, 29, je dîne chez le gouverneur. Je vais le soir chez Mme de Morcoux au concert, souper chez M. de Chastellux. »

5. « Mercredy 30, je vais chez Mme de Choiseul ; je dîne chez le prince de Condé. Jeu. Souper à l'intendance. »

6. *Registre des décrets des États*, année 1763. Arch. départ. de la Côte-d'Or. C. 3022.

travaux de chaque session et les nombreuses dépenses auxquelles la province était tenue de satisfaire.

Ainsi, les trois ordres, en 1763 comme précédemment, accordèrent unanimement au roi une somme de un million de livres en don gratuit extraordinaire, aussitôt réduit à neuf cent mille, en considération de la misère des peuples. [1]

Un autre don gratuit ordinaire de 53,000 livres, payables en trois années et par mois, fut également voté. [2]

La province était en outre chargée des dépenses occasionnées par les garnisons [3], les étapes [4], l'habillement et la solde des milices en temps de paix [5], les achats d'étalons [6], les plantations de mûriers [7], l'entretien des cours d'eau, des routes et

---

1. *Id. Séance du 21 novembre, de relevée.* Ces 900,000 livres étaient payables en la ville de Dijon, en trente-six paiements égaux, à commencer au 1er janvier 1764.

2. *Id. Séance du 22 novembre, du matin.* Pour faciliter le paiement de cette somme, qui devait être acquittée en trois années et par mois, les États demandèrent au roi et obtinrent la continuation, pendant les années 1783, 1784 et 1785, de quatre crues sur le sel, montant à 9 livres par minot. La *crue* était ajoutée au prix principal du sel vendu dans les greniers publics; elle équivalait à nos centimes additionnels. Le *minot* était de 34 pintes en été et de 35 en hiver ; il représentait ou 54 litres 910, ou 56 litres 525.

3. *Id. Séance du 23 novembre, du matin.* « Vôte de 86,000 livres, par an, pour les garnisons. »

4. *Id. Séance du 24 novembre, du matin.* « La province demeure chargée de la fourniture des étapes aux troupes qui y passeront et fait le fonds nécessaire pour le remboursement des communautés qui les auront fournies, ainsi qu'il en a été usé par le passé. »

5. *Id. Séance du 29 novembre, du matin.* « Remarques des commissaires alcades sur l'imposition de près de 350,000 livres, ordonnée par arrêt du conseil pour l'entretien, habillement et solde concernant les milices en temps de paix. Renvoi aux élus pour solliciter une diminution.

6. *Id. Séance du 25 nov., du matin.* « Vote de 20,000 livres pour achat d'étalons. »

7. *Id. Séance du 26 nov., du matin.* « Vote de fonds pour la plantation de mûriers. »

des pépinières [1], dont les arbres devaient être distribués gratuitement aux habitants des campagnes. Elle contribuait également au paiement des milices et gardes-côtes [2], et encourageait par des allocations de fonds, les entreprises et projets paraissant concourir le plus efficacement au développement du commerce et de l'industrie. [3]

Les misères humaines, quelle que soit leur forme, étaient aussi l'objet de la sollicitude éclairée des Etats; ainsi, non-seulement ils allouaient des secours considérables aux établissements religieux [4], aux hôpitaux [5], aux aumônes générales

1. *Id. Séance du 26 nov., du matin.* « Les États ont décrété de se conformer aux intentions de S. M. et que MM. les élus soyent chargés de donner tous leurs soins aux pépinières et surtout que les arbres fruitiers soyent délivrés gratuitement aux habitants des campagnes. »

2. *Id. Séance du 29 nov., du matin.* « Pour contribution à la dépense des milices gardes-côtes, 45,000 livres par an. »

3. *Id. Séance du 28 nov., du matin.* « Vote de 60,000 livres, pour faire réussir les entreprises et projets qui paraîtraient concourir plus efficacement à l'agrandissement du commerce dans cette province. » — *Séance du 30 nov., du matin.* « S. A. S. informe les trois chambres que le roi accorde une diminution de 75,000 livres sur les impositions du duché, à condition que les États destineraient 50,000 livres au commerce, en plus des 60,000 directement votées, le surplus de la remise portant sur les impositions payées par les taillables. » (Décret conforme.)

4. Aux religieuses de l'*Ave, Maria* de Sainte-Claire, d'Auxonne, 100 livres ; aux religieuses du même ordre de Seurre, 100 livres ; aux confrères de la Miséricorde de Dijon, imposables sur la ville de Dijon seulement, 200 livres ; à la Providence de Dijon, 100 livres ; aux religieuses du Bon-Pasteur, 900 livres ; aux religieuses de la communauté de Sainte-Marthe de Dijon, imposables sur la ville et le bailliage de Dijon, 100 livres ; aux Feuillants de Fontaine-lès-Dijon, l'exemption du droit de crues sur quatre minots de sel ; en tout 1,500 livres.

5. A l'hôpital Saint-Pierre d'Arnay-le-Duc, 200 livres ; à l'hôpital d'Autun, 800 livres ; d'Auxonne, 600 livres ; de Bar-sur-Seine, 200 livres ; aux administrateurs de l'hôpital des eaux minérales de Bourbon-Lancy, 300 livres ; à l'hôpital de Chagny, 150 livres. Les administrateurs de cette maison demandaient un supplément, « à cause du passage prodigieux de soldats et autres, ce qui augmentait beaucoup la consommation des vivres de cet hôpital. » A celui de Chalon-sur-Saône, 300 livres ; à l'hôpital Saint-Louis, dit de la Charité, établi au faubourg Sainte-Marie, à Chalon-sur-Saône, 800 livres ; à l'hôpital de Charolles, 200 livres ; de Couches, 150 livres ; de Dijon,

de Dijon [1] et d'Autun [2], aux chirurgiens pour la chambre des pauvres [3], aux prisonniers [4], aux pauvres honteux [5], mais encore ils chargaient les élus « d'aviser, de concert avec les différents ordres de la province, et sous la protection de S. A. S. aux moyens les plus convenables de supprimer la mendicité, soit dans les villes, soit dans les campagnes ; d'établir quelques maisons de force ou de correction pour les mendiants rebelles de l'un et de l'autre sexe, comme aussi de choisir, dans le grand nombre d'hôpitaux déjà établis dans la province, quelques asiles qui puissent servir de retraite pour les fous et les incurables, et de rendre compte du tout aux Etats suivants. » [6]

Les gratifications accordées à chaque triennalité aux officiers des Etats, depuis le prince de Condé, qui les présidait, jusqu'aux huissiers et aux courriers chargés de porter à la cour leurs délibérations, étaient également supportées par le budget de la province. Nous savons déjà, par le récit des fêtes données à Autun, combien ces gratifications étaient généreusement dépensées au profit de tous.

Après les charges ordinaires, venaient les dépenses fortuites : un coup d'œil rapide, jeté sur les différentes requêtes tendant à obtenir des subventions, ne sera peut-être pas sans intérêt;

8,000 livres; de Loubans, 150 livres; de Montbard, 300 livres; de Nuits, 500 livres, de Saint-Jean-de-Losne, 250 livres; de Saulieu, 300 livres; de Semur-en-Auxois, 400 livres; de Seurre, 600 livres; de Vitteaux, 300 livres; au total, 14,500 livres.

1. *Id. Du 28 nov., du matin.* « Vôté de 600 livres en faveur de l'aumône générale de la ville de Dijon, imposables sur la ville et le bailliage de Dijon. »

2. *Id. Du 30 nov., du matin.* « Vôté de 150 livres aux administrateurs de l'aumône générale de la ville d'Autun, imposables sur la ville. »

3. *Id. Du 28 nov., du matin.* « Alloué 400 livres au chirurgien de la ville de Dijon pour subvenir aux frais et besoins de la chambre des pauvres. »

4. *Id. Du 27 nov., du matin.* « Alloué 100 livres aux prisonniers de Dijon. »

5. *Id. Du 29 nov., du matin.* « Alloué 300 livres aux pauvres honteux de la ville de Dijon, imposables sur la ville de Dijon seulement. »

6. *Id Séance du 30 nov., du matin.*

la liste en est aussi nombreuse que variée. Un triple sort les attendait : les unes étaient immédiatement accueillies ou repoussées, les autres, et c'est le plus grand nombre, étaient soumises à l'examen des élus.

Si quelques-unes de ces demandes présentaient un intérêt général, notamment celles qui concernaient les créations, modifications ou réparations de routes et de ponts [1], le flottage ou la navigation des rivières [2], et la création des brigades de maréchaussée [3] ; d'autres étaient produites dans un intérêt exclusivement personnel par des hôpitaux [4], des corporations

---

1. *Id. Séance du 25 nov., du matin.* Requêtes des habitants de Charolles, tendantes à la réparation du pont des Pougeaux et du pont sur la Semence, derrière le château. — *Séance du 28 nov., du matin.* Requête des habitants d'Étang pour la réparation de deux ponts traversant l'ancien chemin d'Autun à Toulon. — *Séance du 30 nov., du matin.* Requête des habitants de Bourbon-Lancy, tendante à la réparation de deux ponts. — *Séance du 26 nov , du matin.* Réclamation des habitants de Curbigny sur un projet de grand chemin de Charolles à la Clayette. — *Séance du 30 nov., du matin.* Observations sur un chemin d'Auxerre à Villefargeot. — Requête des habitants d'Autun et d'Arnay-le-Duc, tendante à la réparation du chemin d'Autun à Arnay. — Concession de chemin demandée par les Cordeliers d'Autun.

2. *Id. Séance du 30 nov., du matin.* « Requête des habitants d'Autun tendante à rendre la rivière d'Arroux navigable ; — Requête des seigneur et communauté de Sainte-Sabine et Crugey, tendante à rendre la rivière d'Ouche flottable depuis Veuvey jusqu'à Dijon. »

3. *Id. Séance du 29 nov., du matin.* Requête des maire, échevins et habitants de Vermenton, à eux joints les officiers de police de la ville de Cravant, tendante à l'établissement d'une brigade de maréchaussée à Cravant, pour le repos public et la sûreté des voyageurs. — *Séance du 30 nov., matin.* « Requête des habitants de Bourbon-Lancy tendante à l'établissement d'une brigade de maréchaussée en ladite ville. »

4. *Id. Séance du 29 nov. 1763, du matin.* Requêtes des administrateurs de l'hôpital général d'Auxerre tendantes à obtenir une pension annuelle de 1,200 livres pour l'encouragement et le soutien de sa manufacture de coton à l'anglaise et l'exemption de la corvée des chemins ; — des administrateurs de l'hôtel-Dieu de la Madeleine d'Auxerre demandant un secours de 400 livres ; — des administrateurs de l'hôpital de Montcenis demandant 200 fr. par triennalité, et 300 fr. d'aumône extraordinaire en considération du grand nombre de malades des campagnes voisines qui ont été reçus audit hôpital.

civiles ¹ ou religieuses ², ou même par de simples particuliers ³. Au nombre de ces dernières, citons notamment la requête formée par « Marie-Louise Dossery, des plus anciennes familles d'Ecosse, veuve de M. Pierre de La Bussière, gentilhomme du même royaume, demeurant à Saulieu, et Marie-Louise de La Bussière, leur fille, demandant telle somme qu'il plaira aux Etats leur octroyer, pour subvenir à l'acquittement des dettes qu'elles ont été dans la nécessité de contracter pour les aider à subsister ⁴ » ; ailleurs ce sont les médecins qui réclament le paiement de visites faites et de médicaments fournis aux pauvres pendant une épidémie ⁵, ou une pension en échange

---

1. *Id. Même séance.* « Requête des prévôt général, prévôts particuliers, lieutenants, officiers et cavaliers de la maréchaussée de la province, tendante à une gratification annuelle ; — Requête des officiers et chevaliers de l'Arquebuse, de Beaune, tendante à une gratification en considération du prix qu'ils doivent rendre. »

2. *Id. Même séance.* « Requête des Cordeliers de la province tendante au rétablissement de la gratification qui leur a été ci-devant accordée ; — Requête de M. Romelot, prieur de Saint-Racho-lès-Autun, tendante à ce qu'il soit restitué au moulin de Saint-Racho l'eau nécessaire pour faire tourner les deux moulins qui sont renfermés sous le même toit et qu'il soit pris à la charge des États, l'entretien et réparation de l'ouvrage nécessaire pour la conduite continuelle de l'eau de la petite rivière de Saint-Pierre dans le biez du moulin de Saint-Racho. »

3. *Id. Séance du 28 nov., du matin.* « Requête de Jean-François Maignez, dit Nantua, maître-serrurier à Dijon, demandant secours et protection pour l'encourager dans son art où il s'occupe à trouver des ressources pour le service du public, étant l'auteur de beaucoup de machines très utiles ; — de François Boudier, président au grenier à sel d'Avallon, tendante à une gratification par forme de dédommagement des avances qu'il a faites pour perfectionner sa manufacture de coton ; — du sieur Maret, lieutenant de la maréchaussée de Charolles, tendante à l'obtention de la place d'inspecteur des haras de Bourgogne. »

4. *Id. Séance du 26 nov., du matin.*

5. *Id. Même séance.* « Requêtes des sieurs Edme Ligeret, maître chirurgien à Mont-Saint-Jean, tendant à obtenir paiement d'une somme de 82¹ 17ˢ pour voyages à Charny et fournitures de médicaments aux pauvres dudit lieu pendant une maladie épidémique qui y a régné, et Denis Chaussier, doyen des médecins de la ville de Dijon, tendante à une gratification pour avoir

d'un remède contre la rage [1]. Enfin, nous voyons certaines villes ou autres communautés d'habitants solliciter, soit des dégrèvements d'impôts [2], soit des subventions à titre d'encouragement pour l'industrie. [3]

De leur côté, les alcades présentaient sur les points paraissant nécessiter une réforme, des observations qui formaient l'objet d'une étude particulière de la part des trois ordres [4]. Enfin la session se terminait par l'examen et la

---

séjourné pendant les mois de juin et juillet précédents dans les villages de Charny, Renesves et dépendances, où régnoit une fièvre maligne épidémique, et ce, pour le dédommager de la médiocrité des honoraires qui lui ont été alloués et du retard que la maladie a occasionné à ses occupations et à sa petite fortune, étant chargé de huit enfants. »

1. *Id.* « Philippe Gaudet, chirurgien à St-Sernin-du-Plain, demande une pension, laquelle serait reversible à ses enfants, aux offres qu'il fait de distribuer par toute la province sa recette contre la rage. » — Il existe encore aujourd'hui à Saint-Sernin-du-Plain une famille R..., qui passe pour posséder contre cette maladie un remède secret, dont la recette se transmet de père en fils. Ce remède consiste en une omelette composée de divers herbages que doivent manger les malades. Le traitement dure huit jours.

2. *Id.* « Requêtes des habitants de la ville et du comté d'Auxerre tendante à jouir du privilége du droit de gros sur le vin, auquel on veut assujettir les habitants dudit comté ; — des habitants d'Arcy-sur-Cure en diminution de taille ; — des habitants de Montcenis, tendante à la diminution de la taille à cause d'une maladie épidémique qui a régné dans ladite ville et à l'obtention d'une somme de 250 livres par forme de dédommagement pour frais de médecin et chirurgien ; — des habitants des paroisses de Saint-Vincent et Saint-Symphorien-lès-Autun, tendante à une diminution sur leurs impositions de 1764. »

3. *Id.* « Requêtes du maire, des échevins et des habitants d'Autun, tendante à ce qu'il plût aux États leur accorder telle somme qui leur plairait en considération de la filature de laine et des fabriques de bonnets et de serge établies en ladite ville ; — des administrateurs de l'aumône générale d'Auxerre, tendante à obtenir 1200^l pour l'encouragement aux filatures de coton ; — des échevins de Beaune demandant une subvention pour dépenses à faire à une filature de coton et à une manufacture de bazin ; — des échevins de Chalon pour subvention à une filature de coton et métiers fabriquant des mousselines, cotonnes, etc. »

4. Remarques des commissaires alcades : 1º sur la misère des peuples ; renvoyée aux élus pour en charger leurs cahiers. — 2º Sur les recouvrements à faire sur plusieurs villes de la province des sommes qu'elles doivent encore

ratification de l'administration des élus de la dernière triennalité.

Telles sont, rapidement résumées, les questions qu'avaient à traiter, tous les trois ans, les Etats généraux de Bourgogne. Si la session de 1763 n'eut qu'une importance ordinaire au point de vue des affaires, il n'en fut pas de même en ce qui concerne la pompe inusitée dont elle fut entourée et les fêtes dont elle fut l'occasion : en parcourant la liste des personnes qui y ont pris part, nous constatons que chacun des trois ordres était représenté par des députés nombreux et considérables. Ainsi, parmi les trente-quatre délégués du clergé figuraient quatre évêques, un abbé commendataire et seize prieurs, tant réguliers que séculiers ; la noblesse était représentée par quatre-vingt-un députés, dont trente-deux appartenant au bailliage d'Autun, et le tiers état par quarante-six maires ou délégués des villes de la province. Les longues distances, les difficultés de communications, la rigueur de la saison, rien ne les avait arrêtés. Comprenant tous l'importance de leur mandat, tous voulurent prendre part aux délibérations concernant l'administration, les finances, la vie de ce beau et vaste duché de Bourgogne, dont les affaires reposaient entre leurs

---

pour le rachat des offices municipaux faits en 1735 ; il est décrété qu'elles paieront les arrérages jusqu'au remboursement du principal. — 3° Sur l'imposition de près de 350,000 livres ordonnée par arrêt du conseil pour l'entretien, l'habillement et la solde des milices en temps de paix ; renvoyée aux élus pour solliciter une diminution. — 4° Sur les surtaux ; renvoyée aux élus pour solliciter un arrêt à perpétuité au sujet des surtaux. — 5° Les élus sont priés de faire de nouvelles instances pour obtenir de S. M. une attribution perpétuelle de la juridiction sur les grands chemins. — 6° Proposition d'un règlement tendant à empêcher la dégradation des bois. — 7° Sur les abus qui se commettent pour le transport des troupes de S. M. et de leurs équipages, ce qui fait grand préjudice aux laboureurs. — 8° Sur les abus qui se glissent dans la distribution des arbres des pépinières. — 9° Ils demandent que la maréchaussée fasse son devoir et soit plus souvent visitée. — 10° Ils sollicitent la création d'une académie à cheval dans la province. — 11° Observations sur la résistance des officiers municipaux de la ville de Dijon, à fournir le rôle de la taille et de la capitation. — 12° Sur la mauvaise qualité des étalons. — 13° Sur l'entretien des grands chemins.

mains. Dès cette époque, ils sentaient que l'avenir du pays était tout entier dans le développement de l'agriculture, du commerce et de l'industrie. En votant des sommes importantes pour seconder les efforts individuels, en décrétant chaque jour la création de nouvelles voies de communication, ils favorisaient l'exportation des produits variés de cette fertile province et préludaient ainsi aux progrès réalisés de nos jours par l'ouverture de nombreux chemins ruraux et vicinaux, l'amélioration des anciennes routes, le développement des canaux et la construction d'un immense réseau de voies ferrées.

VII. *Compliments d'adieu. Départ du prince.* — Les dernières réunions eurent lieu dans la matinée du jeudi 1er décembre ; à dix heures, on tint la *Conférence* [1], puis les séances particulières des trois ordres, à la suite desquelles, vers midi et demi, les Etats se rendirent au palais épiscopal, précédés des quatre huissiers ordinaires. L'évêque d'Autun, le comte de Chastellux [2] et le maire de Dijon, présidents des trois chambres, étaient à la tête de leurs corps. L'évêque d'Autun adressa au prince un compliment d'adieu auquel S. A. S. répondit ; après quoi les Etats se retirèrent dans le même ordre qu'ils étaient venus et furent reconduits comme ils avaient été reçus ; ensuite ils se séparèrent. [3]

Après le compliment des Etats, M. Roux, premier président

---

[1]. On appelait *Conférence* la réunion des trois ordres assemblés pour entendre la lecture des délibérations qui avaient été prises dans les chambres des États et sur lesquelles on formait les décrets et les dernières décisions sur toutes les affaires traitées pendant la session. L'administration des élus de la dernière triennalité était aussi ratifiée, puis les élus et les alcades récemment nommés prêtaient le serment requis entre les mains de l'évêque d'Autun. En 1763 des remercîments furent votés à M. Girard, ancien secrétaire des commandements du prince, pour les services rendus à la province. (*Reg. des décrets des États. — Reg. de la ch. de ville*, Relation, fol. 46.)

[2]. Serpillon, *Code criminel*, tome II, p. 1574, dit par erreur le comte *du Châtelet*.

[3]. *Reg. des décrets des États. — Reg. de la ch. de ville*, Relation, fol. 46.

du présidial, à la tête des officiers de son corps en robes noires, et M. Roux, vierg, à la tête de la magistrature municipale en robes violettes, vinrent aussi complimenter S. A. S. [1]

Pendant ce temps, les nouveaux élus entraient en séance, et vérifiaient les pouvoirs des délégués de la chambre des comptes [2] et de l'élu du roi [3], qui prêtèrent ensuite serment entre les mains de l'abbé du Châtel, élu du clergé. Enfin la chambre de l'élection [4] alla, par la bouche de ce dernier, complimenter S. A. S. La députation fut reçue et reconduite de la même manière que celle des anciens élus. [5]

Le prince partit le lendemain, vendredi 2 décembre, à sept heures du matin, malgré la pluie torrentielle qui ne cessait de tomber depuis la veille. Il était précédé de trois brigades de la maréchaussée d'Autun, commandées par le prévôt général et par M. Roux, prévôt desdites brigades. Quand S. A. S. passa au milieu de la milice bourgeoise, qui était sous les armes, conformément aux injonctions du maire, on battit au champ [6], et quand elle franchit l'enceinte de la ville, le canon fut tiré.

MM. de La Guiche, de Lamarche et de Villeneuve partirent aussi le 2 décembre [7] ; mais il semble que le mauvais temps ou les attraits de la ville aient retenu la plupart des autres personnes venues à Autun à l'occasion des Etats : le journal

---

1. *Reg. de la ch. de ville*, ibid. — Serpillon, *loco cit.*, p. 1574.
2. MM. Gouget-Duval et Nicolas. V. plus haut, p. 32, notes 8 et 9.
3. J.-B. Simon de Grandchamp. V. plus haut, p. 32, note 10.
4. Elle était composée de : l'abbé du Chastel, le marquis de Chastellux, Baudesson, maire d'Auxerre, Gouget-Duval, Nicolas et Simon de Grandchamp (*Reg. des Décrets.*) — M. Rossignol (*Des libertés de la Bourgogne d'après les Jetons de ses États*, p. 296) indique par erreur le maire d'*Autun* comme élu du tiers état. Il faut lire le maire d'*Auxerre*.
5. « Jeudy 1ᵉʳ décembre, pluye. Compliments d'adieu. Conférence. Fin des États. Je vais chez Mᵐᵉ de La Guiche et au jeu ; nous soupons à l'intendance. »
6. *Reg. de la ch. de ville*, Relat. fol. 46.
7. « Vendredy 2 décembre, pluye à verse. M. le prince de Condé, M. de La Guiche, M. le premier président et M. l'intendant partent. Concert chez Mᵐᵉ de Morcoux. »

de M. de Fontenay nous fait assister, pendant les jours qui suivent et jusqu'au 12 décembre, à une série de dîners et de concerts où figurent encore MM. Roulin, de Vienne, de Choiseul, de Chastellux, du Châtel, de Ganay, de Scorailles, d'Availly, de Bresse, d'Ogny, de Blancey, de Chanteau, de Puligny, de Jaucourt, du Tremblay, les maires de Dijon, d'Auxerre et de Seurre. Puis tout sembla rentrer, en apparence, dans l'ordre accoutumé; mais, au fond, la simplicité des mœurs fut profondément altérée. Pendant les Etats, les logements avaient été magnifiquement meublés, les commodités prodiguées, les repas splendides. Quand ils finirent « les seigneurs retournèrent à leurs châteaux, mais le luxe resta ; les femmes des riches prirent le plus grand essor. De proche en proche elles furent imitées ; les galons, les broderies, les dentelles succédèrent à la simplicité ; on voulut avoir de la vaisselle plate ; les revenus ne suffisant pas on vendit les fonds ; alors une multitude de citoyens, qui vivaient avec aisance, se trouvèrent au dessous de la médiocrité. En effet, les denrées augmentèrent, les riches prirent un ton de dignité, les nobles, déjà fiers, augmentèrent leurs échasses et la bonhomie disparut. » [1]

Il faut reconnaître, cependant, que si un certain marquis de Bellegarde se permit de tricher, pendant les Etats, en taillant le trente et quarante, il est à croire que ce fait n'était pas nouveau à Autun, puisqu'en 1752 et en 1754, les magistrats municipaux défendaient déjà de jouer des jeux de hasard pendant la Saint-Ladre. [2]

Si d'un côté, les habitants ratifièrent, après examen, les dépenses occasionnées par la tenue des Etats [3] et adressèrent

---

1. *La Société d'Autun au milieu du XVIII° siècle, d'après les mémoires de I.-M. Crommelin*, dans les *Mém. de la Soc. Éd.*, nouv. série, tome VI, p. 428. Nous savons déjà que le comte de Roussillon dépensa à Dijon plus de 13,000 livres pendant les États de 1739.

2. Arch. municip. *Reg. des délib.*, vol. 65, fol. 161, et liasse 222, pièce 63.

3. La dépense totale s'éleva à 25,591 livres 19 sols. Le compte du procu-

à MM. de la chambre de ville leurs remerciments pour les peines et soins extraordinaires qu'ils s'étaient donnés en cette occasion, de façon à ce que tout se passât « à la satisfaction du prince, du comte de La Guiche, des élus, de l'intendant et des corps qui composaient les Etats [1] », d'un autre, le prince témoigna plusieurs fois publiquement et de la manière la plus flatteuse au maire d'Autun, son contentement pour le zèle et le dévouement respectueux dont l'avaient entouré les magistrats municipaux pendant son séjour en cette ville. [2]

Là ne se borna pas l'intérêt que le prince portait à Toussaint Roux. En 1766, il le reçut en audience particulière et l'assura « qu'il se souviendrait toujours de ce qui s'était fait aux Etats d'Autun. » [3]

Enfin, en 1772, Roux, qui était encore vierg, fut choisi pour élu par la chambre du tiers état. A cette occasion, il donna un repas où se trouvèrent les évêques d'Autun [4], de Dijon [5], d'Auxerre [6], de Mâcon [7], l'intendant [8], plusieurs doyens

---

reur syndic, contenant les détails de cette somme, fut approuvé par l'assemblée générale des notables le 26 août 1764. (*Reg. de la ch. de ville*, fol. 63 et suivants.)

1. *Id.* fol. 70. Délib. du 26 août 1764.
2. *Id.* Relat. fol. 47. Voici d'ailleurs la lettre que le prince adressa aux magistrats municipaux, en janvier 1764, pour leur donner de nouvelles marques de sa satisfaction et de son dévouement :

« A Paris, le 20 janvier 1764.
» MESSIEURS LES MAIRE ET ÉCHEVINS D'AUTUN,

» J'ai reçu avec plaisir votre compliment sur la nouvelle année ; j'ay été si content du zèle que vous avez fait paroistre pendant mon séjour à Autun, que je suis bien aise de vous en faire mes remerciements. Soyez assurés qu'en toute occasion vous me trouverez disposé à donner à vos concitoyens et à vous en particulier, des marques de mon affection. Je suis, Messieurs les maire et échevins d'Autun, votre meilleur amy.

» Louis-Joseph DE BOURBON. »

3. *Reg. de la ch. de ville*, vol. 70, fol. 43.
4. Yves Alexandre de Marbeuf, évêque d'Autun, de 1767 à 1787.
5. Claude-Marc-Antoine d'Apchon.
6. Jean-Baptiste-Marie Champion de Cicé.
7. Gabriel-François Moreau, évêque de Mâcon, de 1763 à 1789.
8. Antoine-Léon-Anne Amelot de Chaillou, baron de Châtillon-sur-Indre, intendant de Bourgogne de 1764 à 1774.

— 75 —

et grands vicaires et des gentilshommes du corps des Etats, ce qui n'était jamais arrivé. [1]

Ses concitoyens, les chevaliers de l'Arquebuse et même la maréchaussée avaient formé le dessein de se mettre sous les armes pour le recevoir à son retour de Dijon ; mais, pour éviter cette démonstration, il ne prit pas la route ordinaire ; néanmoins, après son arrivée, les députations du Chapitre, de la Collégiale, de l'hôtel de ville, du collége, des révérends pères Cordeliers, des notaires, des procureurs et des chevaliers de l'Arquebuse, le complimentèrent sur son élection. La chambre lui offrit des vins d'honneur [2] et le prince lui écrivit pour le féliciter. [3]

Ce fut là le dernier écho des Etats de 1763.

DÉPUTÉS QUI ONT ASSISTÉ
A LA SESSION DES ÉTATS GÉNÉRAUX DE BOURGOGNE
TENUE A AUTUN EN NOVEMBRE 1763 [4]

POUR LE CLERGÉ.

Évêques. — Mgr Nicolas de Bouillé, comte de Lyon, évêque d'Autun, qui a présidé [5] ; Mgr Louis-Henri de Rochefort-Dally, évêque et comte de Chalon-sur-Saône [6] ; Mgr Marc-Antoine Dapchon, évêque de Dijon [7] ; Mgr Jean-Baptiste-Marie Champion de Cicé, évêque d'Auxerre. [8]

---

1. *Reg. de la ch. de ville*, vol. 71, fol. 74 et 79.
2. *Id.* ibid. fol. 87.
3. Lettre du 31 janvier 1773. *Reg. de la ch. de ville*, vol. 72, fol. 18.
4. Nous avons conservé, dans cette liste, l'orthographe du *Registre des Décrets des États* (Arch. de la Côte-d'Or, C. 3022). Les notes rétablissent la forme exacte des noms de famille et de lieu.
5. V. plus haut, p. 25, note 4.
6. V. plus haut, p. 33, note 5.
7. V. plus haut, p. 33, note 6.
8. Jean-Baptiste-Marie Champion de Cicé, né à Rennes le 10 février 1725, fils d'un membre du parlement de Bretagne, d'abord nommé à l'évêché de

— 76 —

Abbé. — M. Jean-Marie du Chastel, abbé commendataire de l'abbaye de Rigny [1], de l'ordre de Cisteaux, aumônier ordinaire de la reine. [2]

Doyen de cathédrale. — M. l'abbé de Bretagne, doyen de la cathédrale Saint-Etienne de Dijon.

Doyen de collégiale. — M. Le Tellier de Bussy, prévôt-doyen de la collégiale Notre-Dame d'Autun. [3]

Députés de cathédrales. — MM. Frémont, chanoine, archidiacre et député de l'église cathédrale d'Autun [4]; Tisserand, chanoine, député de la cathédrale Saint-Vincent de Chalon-sur-Saône; Chapelot, chanoine, député de la cathédrale Saint-Etienne de Dijon.

Députés de collégiales. — MM. Verchère, chanoine, député de la Sainte-Chapelle de Dijon [5]; Lhomme, chanoine, député de la collégiale Notre-Dame de Beaune [6]; Gauthé, chanoine, député de la collégiale Saint-Denis-de-Vergy, transférée à Nuits; Lambert l'aîné, chanoine, député de la collégiale

---

Troyes en 1758, prit possession de l'évêché d'Auxerre le 2 mars 1761. Il mourut dans l'émigration, le 16 novembre 1805, à Halbertadt, en Prusse, dans le couvent des franciscains, où il fut enterré. Il était dans sa quatre-vingt-unième année. (*Mémoire concernant l'histoire civile et ecclésiastique d'Auxerre et de son ancien diocèse*, par l'abbé Lebeuf, avec additions de nouvelles preuves et annotations, par Challe et Quantin. Paris, Didron, 1851, tome II, p. 349.)

1. Rigny-sur-Cure, commune de Vermenton, arrondissement d'Auxerre (Yonne).
2. V. plus haut, p. 32, note 11.
3. Louis-Charles Le Tellier de Bussy fut prévôt-doyen de la collégiale Notre-Dame d'Autun, de 1761 à 1764.
4. V. plus haut, p. 34, note 4.
5. V. plus haut, page 34, note 7.
6. Louis Lhomme, prêtre, chanoine de l'église collégiale Notre-Dame de Beaune, nommé le 5 septembre 1739, chapelain en la chapelle des Chambellan, fondée sous le vocable de la passion de Notre-Seigneur Jésus-Christ et de la Sainte-Trinité, en l'église Notre-Dame de Dijon, et le 28 mai 1745, chapelain en la chapelle des Chambellan, fondée sous le vocable de la Sainte-Trinité, en l'église Saint-Jean de la même ville. Bernard-Bénigne Lhomme lui succéda dans ces deux bénéfices.

Notre-Dame d'Autun [1]; Jarry, chanoine, député de la collégiale Saint-Andoche de Saulieu; Lhuillier, chanoine, député de la collégiale de Semur-en-Auxois.

Députés du comté de Mâconnais. — MM. l'abbé de Valetine, député du clergé des Etats du Mâconnais [2]; Nicolas-Théodore de Fussey de Menessaire, chanoine, député du Chapitre noble de l'église Saint-Pierre de Mâcon.

Prieurs réguliers, Bénédictins. — D. Joseph Jantot, prieur de l'abbaye Saint-Bénigne de Dijon; D. Charles Joutet, prieur de l'abbaye Saint-Martin d'Autun; D. François-Joseph Crétu, prieur de l'abbaye Saint-Pierre de Flavigny; D. Nicolas Lambellinot, prieur de l'abbaye de Moutier-Saint-Jean [3]; D. Jean-Jacques Vaudrey, prieur de l'abbaye de Saint-Germain d'Auxerre.

Prieurs réguliers, Bernardins. — D. Jean-Antoine Dusolier, prieur de l'abbaye de Cisteaux [4]; D. Pierre Bernier, procureur célerier de l'abbaye Notre-Dame de Maizières [5]; D. Jean-Baptiste Basset, prieur de l'abbaye de Notre-Dame de Rigny.

Prieur régulier de l'ordre de Saint-Augustin. — Vénérable Claude Taveron, prieur de l'abbaye de Saint-Symphorien-lès-Autun. [6]

---

1. Lazare-Anne Lambert, prêtre, vicaire de Notre-Dame, reçu chanoine du Chapitre collégial de ladite église, le 24 mars 1746, en remplacement de François-Dorothée Le Brun du Breuil de Champignolle.

2. Claude-Marie Naturel de Valetine, né en 1715, chanoine-comte de Brioude, chanoine de Mâcon.

3. Moutiers-Saint-Jean, canton de Montbard, arrondissement de Semur (Côte-d'Or).

4. Cîteaux, commune de Saint-Nicolas-lès-Cîteaux, canton de Nuits, arrondissement de Beaune (Côte-d'Or).

5. Maizières, commune de Saint-Loup-de-la-Salle, canton de Verdun-sur-le-Doubs, arrondissement de Chalon (Saône-et-Loire).

6. Saint-Symphorien, commune de Saint-Pantaléon, canton et arrondissement d'Autun. — C'est du temps du prieur Claude Taveron, que l'abbatiale fut reconstruite et l'église restaurée. (V. Dinet, *Saint Symphorien et son Culte*, tome II, p. 388.)

Prieurs séculiers. — MM. l'abbé de Fénelon, prieur de Saint-Cernin et de Saint-Léger-du-Bois [1] ; de Lagoutte, prieur de Sainte-Magnance [2] ; Violet, prieur de Vassy [3] ; Develle, vicaire général d'Autun, prieur de Saint-Laurent d'Hauteville, en cette dernière qualité [4] ; Desplasse, prieur de Perrigny [5] ; Pereton, prieur de Saint-Laurent-lès-Chalon [6]; de Chalon, prieur d'Anzy-le-Duc. [7]

POUR LA NOBLESSE.

M. le comte de Vienne, qui a présidé. [8]

Bailliage de Dijon. — MM. Demontferrand [9] ; le chevalier

---

1. Saint-Sernin-du-Bois, canton de Montcenis, arrondissement d'Autun. — Saint-Léger-du-Bois, canton d'Épinac, même arrondissement. — Jean-Baptiste-Augustin de Salignac-Fénelon, prêtre du diocèse de Périgueux, aumônier de la reine, prieur de Saint-Sernin, de 1745 à 1789, mourut à Paris, sur l'échafaud, le 19 messidor an II (7 juillet 1794.) (V. *Saint-Sernin et son dernier prieur*, par l'abbé Sebille, dans les *Mém. de la Soc. Éd.* nouv. série, t. IV, p. 245.)

2. Sainte-Magnance, canton de Quarré-les-Tombes, arrondissement d'Avallon (Yonne). — Joseph-Étienne de Lagoutte, prieur de 1755 à 1772.

3. Vassy-sous-Pizy, canton de Guillon, arrondissement d'Avallon (Yonne).

4. Saint-Laurent d'Hauteville, commune de Perrigny-sur-Loire, canton de Bourbon-Lancy, arrondissement de Charolles (Saône-et-Loire). — Jean-Baptiste de Velle, seigneur de Villette, bachelier de Sorbonne, licencié en droit civil et canon, chanoine et grand chantre de la cathédrale d'Autun, vicaire général et officiel du diocèse, abbé commendataire de Saint-Rigaud-en-Mâconnais et de Saint-Etienne d'Autun, doyen de Servon, prieur de Saint-Laurent-d'Hauteville, de 1751 au 27 août 1781, date de sa mort.

5. Perrigny-sur-Loire, canton de Bourbon-Lancy. — Voir plus haut p. 42 note 2.

6. Eustache Pereton, prieur de Saint-Laurent-lès-Chalon.

7. Anzy-le-Duc, canton de Marcigny, arrondissement de Charolles (Saône-et-Loire). — François de Chalon d'Audreville, prieur d'Anzy-le-Duc en 1744, résigne le 30 mars 1778 en faveur de Roch-Étienne de Vichy, depuis évêque d'Autun.

8. V. plus haut, p. 31, note 10.

9. N. de Montferrand, d'une ancienne famille du Bugey, entrée aux États en 1671.

de Tudert [1] ; le marquis de Folin [2] ; le marquis de Versalieu, seigneur de Chevigny [3] ; Guiard, seigneur de Changey [4] ; de Neuilly [5] ; de Simony [6] ; le chevalier d'Islan [7] ; le Compasseur-Créquy-Montfort [8] ; M. son fils [9] ; Bauyn d'Arcey [10] ; Richard de Bligny de Valoreille. [11]

Bailliage d'Autun. — MM. le comte de Roussillon [12] ; Descoraille [13]; le marquis de Menessaire [14]; Humbelot de Villiers [15];

1. Louis-Innocent de Tudert, chevalier de Malte, d'une famille originaire du Poitou, reçu aux États en 1760, sur la présentation de son acte de nomination à la commanderie de Beaune.

2. Jean-Baptiste-Théodore Folin, marquis de Folin, officier de cavalerie, seigneur d'Ogny et autres lieux, né en 1730 de François, marquis de Folin et de Bénigne Gagne de Pouilly, fut pourvu d'un office de conseiller laïque près le parlement Maupeou et reçu le 12 août 1772. Il mourut à Erlang, en Franconie, le 23 janvier 1815. (Des Marches, *le Parlement de Bourgogne*, p. 126.)

3. Philippe Boubier, marquis de Versalieu, seigneur de Chevigny.

4. Hubert-Toussaint Guyard, seigneur de Changey et d'Échevronne, capitaine de cavalerie au régiment de Marcieux.

5. V. plus haut, p. 31, note 3.

6. Félix de Simony, écuyer, chevalier de l'ordre royal et militaire de Saint-Louis, nommé *alcade* pour le bailliage de Dijon, aux États de 1763.

7. V. plus haut, p. 32, note 14.

8. Gaspard le Compasseur-Créquy-Montfort, marquis de Courtivron.

9. Antoine-Nicolas-Philippe-Tanneguy-Gaspard le Compasseur-Créquy-Montfort, seigneur de Luxerois.

10. Henri-Prosper Bauyn, chevalier, capitaine de grenadiers au régiment de Monaco, seigneur d'Arcey, de Quemigny et de Poisot.

11. Jacques Richard de Bligny de Valoreille, chevalier.

12. Nicolas de Chaugy, comte de Roussillon, seigneur de Cussy, Anost, Marey et autres lieux, colonel du régiment de Gâtinois, puis maréchal des camps et armées du roi, élu de la noblesse aux Etats de 1739, mort en 1772.

13. Probablement Antoine de Scorailles, chevalier, fils de Simon et de Barbe de Villers-la-Faye, marié le 19 juillet 1746 à Humberte Humbelot de Villiers.

14. Léopold-Charles de Fussey, chevalier, marquis de Menesserre, chambellan du roi Stanislas, duc de Lorraine, en 1749, grand bailly de Darnay, épousa le 22 mai 1734 Charlotte-Élisabeth de Saint-André, dont il n'eut pas d'enfants. Il institua pour son héritier universel Léopold-Charles de Fussey, seigneur de Melay, son neveu.

15. Alexandre-Humbert Humbelot, chevalier, seigneur de Villiers, ancien capitaine au régiment Royal-Roussillon, *commissaire* aux Etats de 1748, nommé *alcade* en 1751. Cette famille a fourni des officiers à la gruerie et au grenier à sel d'Autun, d'où elle est originaire.

Buffot de Sivry [1]; Comeau de Pontdevaux [2]; Dormy de Vesvre [3]; M. son fils [4]; le marquis de Choiseul [5]; le comte de Fussey [6]; le marquis de Fussey [7]; le marquis de Falletans [8]; Quarré d'Aligny [9]; le Brun Dubreuil, baron d'Uchon, marquis de Champignolles [10]; le chevalier de Champignolles [11]; de Ganay de Vesigneux [12]; de Mac-Mahon, marquis d'Eguilly [13];

1. Lazare Buffot, écuyer, seigneur de Sivry-lès-Voudenay, ancien capitaine d'infanterie.

2. Melchior Comeau, chevalier, seigneur de Pont-de-Vaux, Marly, Barnault, Perrigny, Urly et autres lieux, reçu aux Etats en 1754, commissaire en 1763, et alcade en 1766, fils de Jacques et de Bernarde Gravier de Vergenne, marié en 1745 à Marie-Alphonsine de la Poire de la Rouquette.

3. Jean-Baptiste-Auguste Dormy, chevalier, seigneur de Vesvres, Neuvy, Beauchamp, la Chapelle-au-Mans, Mont-Brion et autres lieux.

4. Pierre-Marie-Thérèse Dormy, chevalier.

5. V. plus haut, p. 33, note 3.

6. François, comte de Fussey, seigneur de Chissey et de Villars, époux de Anne-Marie Nuguet.

7. Nicolas-Antoine-Lazare-Xavier-François, marquis de Fussey.

8. Jean-Prosper, marquis de Falletans, chevalier de Saint-Georges, seigneur de Digoine et de Sauturne.

9. V. plus haut, p. 34, note 14.

10. Gilbert-Casimir le Brun du Breuil, chevalier, baron d'Uchon, marquis de Champignolle, seigneur de la Tagnière, Chaumont, Saint-Nizier et autres lieux. L'hôtel de Champignolle, à Autun, porte le n° 8 de la rue du Fraigne.

11. V. plus haut, p. 34, note 1.

12. Paul-Louis de Ganay, chevalier, seigneur de Visigneux, des Grands et Petits-Jours, capitaine au régiment de Lorraine, chevalier de Saint-Louis.

13. Jean-Baptiste de Mac-Mahon, fils de Patrice et de Marguerite O'Sullivan, baptisé à Saint-Jean-Baptiste de Leimerick, le 23 juin 1715, épousa le 13 avril 1750, Charlotte le Belin, veuve de Jean-Baptiste-Lazare de Morey, chevalier, gouverneur de Vézelay. A sa mort, Jean-Baptiste de Mac-Mahon était chevalier, marquis d'Eguilly, seigneur du marquisat de Viauges, de Sully, Barnay, Repas, Voudenay, Chazeu, Cuzy, franc-seigneur de Charnay, Perrigny, la Bondue et autres lieux. Il testa le 18 septembre 1775 à Paris, et mourut à Spa le 15 octobre de la même année. Il eut pour fils : 1° Charles-Laure, né le 8 mai 1752, et 2° Maurice-François, né le 13 octobre 1754. Le premier avait onze ans, le second neuf, en 1763. C'est donc par erreur que MM. Beaune et d'Arbaumont, dans *la Noblesse aux États de Bourgogne*, p. 72, les font figurer au nombre des députés aux États d'Autun.

le chevalier de Mac-Mahon [1]; le comte de Champignolles [2]; Demoncrif [3]; M. son fils [4]; le comte Wale [5]; le marquis de Chailly [6]; Boyvault [7]; de Faubert de Muzeau [8]; le marquis de Drée [9]; le comte de Montrevel [10]; Buffot de Sivry [11]; Buffot de Millery [12]; de Muzy de l'Hôpital [13]; de Muzy-Vauzelles. [14]

Bailliage de Chalon. — MM. de Rochemont [15]; de Thésut de

---

1. Maurice de Mac-Mahon, chevalier de Malte, maistre de camp de cavalerie, frère du précédent.

2. Alexandre le Brun du Breuil, fils de Gilbert Casimir, chevalier, comte de Champignolle et seigneur en partie de la baronnie d'Uchon.

3. Jean de Montcrif, écuyer, seigneur de Verneuil et autres lieux, capitaine au régiment de Navarre.

4. Anne-Claude de Montcrif, chevalier.

5. Patrice Wall, comte Wall, seigneur de Crugey, Bouhey et Sainte-Sabine, maréchal des camps et armées du roi, reçu aux Etats de 1763.

6. V. plus haut, p. 31, note 7.

7. Jean-Baptiste Boyveau, chevalier, sous-lieutenant au régiment de Bourbon cavalerie.

8. Jean-François de Faubert, chevalier, seigneur de la Perrière et du fief du Mouceau, bailli d'épée du bailliage de Bourbon-Lancy.

9. Gilbert, marquis de Drée, chevalier de Saint-Louis en 1746, lieutenant au régiment des gardes françaises.

10. Melchior-Alexandre-Florent de la Baume, comte de Montrevel, né à Mâcon, le 18 avril 1736, était fils de Melchior-Esprit de La Baume, comte de Montrevel, prince du Saint-Empire, maréchal de camp des armées du roi et de Florence du Châtel; il mourut sur l'échafaud le 19 thermidor an II. (6 août 1794). H. Gloria, *le comte de Montrevel*; Mâcon, Protat, 1878, broch. in-8°.

11. Fait double emploi avec le n° 1, p. 80.

12. V. plus haut, p. 34, note 13.

13. Camille de Musy de Vauzelle, chevalier, seigneur de l'Hôpital et de la Barre.

14. Louis-François de Musy, chevalier, seigneur de Vauzelle, Commune, Villars et Couches en partie, officier de carabiniers.

15. Alexandre-François-Henry de Rochemont, chevalier, seigneur de la Platrière, gendarme ordinaire de la garde du roi, chevalier de l'ordre de Saint-Jean-du-Saint-Esprit, habitant d'Arnay-le-Duc. La tombe de sa femme, Henriette de la Troche, existe dans l'église de Saint-Léger-sur-Dheune. (*Matériaux d'archéologie et d'histoire*, Chalon, Landa, n° d'avril 1869, p. 49 et 50.)

Moroges [1]; Descorailles [2]; de Dampierre [3]; Deschamps de la Villeneuve [4]; Thomas de la Valette [5]; le comte de Thiange. [6]
Bailliage d'Auxois. — MM. le comte de Vienne, le même qui a présidé; de Lajarrie de Cessey [7]; le marquis Damas de Crux [8]; le marquis de Thyard [9]; le marquis Damas d'Antigny [10]; le comte de Jaucourt [11]; le marquis de Jaucourt [12]; Dugond [13]; Fourneret de Champrenault [14]; Bernard de Chanteau [15]; de Dompierre [16]; de Gissey [17]; Prevost de la Croix. [18]

1. Raymond de Thesut, chevalier, seigneur de Fissey-lès-Moroges, *commissaire* aux États de 1763.
2. Étienne-Marie, marquis de Scorailles, chevalier, sous-lieutenant de chevau-légers de la garde du roi, maréchal de ses camps et armées, seigneur de Saubertier, Saint-Germain-du-Bas, l'Isle et autres lieux, dont le fils, à défaut d'héritier mâle, adopta son gendre, Jean-Joseph de Scorailles.
3. Peut-être le marquis de Dampierre, qui fut seigneur de Toulongeon.
4. Antoine-Louis Deschamps, chevalier, baron de la Villeneuve et autres lieux, lieutenant au régiment Dauphin-infanterie.
5. Joseph-François de Thomas, chevalier, marquis de la Valette, seigneur de Serrigny-en-Bresse, lieutenant de vaisseau.
6. Jean-Pierre Damas, comte de Thianges, seigneur de Sassangy et de Cersot, lieutenant au régiment du Roi-infanterie.
7. Jacques Jarry de la Jarrye, chevalier de Saint-Louis, capitaine au régiment de Ségur infanterie, seigneur de la prévôté de Cessey.
8. Claude-Charles Damas, chevalier, marquis de Crux, seigneur de Lantilly, Chasselambert, Saint-Beury, Beurisot, Laives et Lignière, *commissaire* aux États de 1751.
9. Gaspard-Pontus de Thyard, chevalier, marquis de Thyard, seigneur de Juilly, Villenote et St-Euphrène, *commissaire* aux États de 1766 et *alcade* en 1769.
10. François-Jacques Damas, chevalier, comte de Ruffey, baron de Chevreau, marquis d'Antigny, gouverneur du pays de Dombes, *élu* de la noblesse aux États de 1775.
11. V. plus haut, p. 32, note 3.
12. Edme de Jaucourt, chevalier, marquis de Chazelle-l'Escot, seigneur de Montagnerot.
13. V. plus haut, p. 33, note 4.
14. Philibert Fourneret, écuyer, seigneur en partie de Champrenault.
15. V. plus haut, p. 41, note 2.
16. Louis Dubois, chevalier, major de cavalerie du régiment d'Egmond, chevalier de Saint-Louis, seigneur d'Aisy, Pont-d'Aisy et Dompierre-en-Morvan.
17. Armand-Edme de Riollet de Colombet, chevalier, seigneur de Gissey-le-Vieil, Bellenot et autres lieux.
18. Gaspard-Antoine Prevost de la Croix, chevalier, seigneur de Préjailly,

Bailliage de Châtillon. — Personne de ce bailliage.

Comté d'Auxerre. — MM. le chevalier d'Arcy [1]; le marquis de Chastellux. [2]

Comté de Charollais. — MM. Ducret, seigneur de Chevrot [3]; le marquis de Bataille [4]; le marquis de Thiange; le chevalier de Mandelot [5]; Frottier, comte de la Coste-Meisscllière. [6]

Comté de Mâconnais. — MM. Bernard de la Vernette [7]; le comte de Lévy [8]; de Lamartine, ancien élu du Mâconnais [9]; Ducret de Montceau [10]; Démiars, élu actuel du Mâconnais [11]; Bernard de Chastenay, seigneur de Joux et Lévignaux [12];

---

chevalier de Saint-Louis, ancien capitaine au régiment de Touraine, d'une famille originaire de Poitou, établie en Bourgogne au seizième siècle, et reçu aux États de 1763 sur preuve de neuf degrés de noblesse.

1. V. plus haut, p. 31, note 8.

2. V. plus haut, p. 32, note 2.

3. Paul-Charles du Crest, chevalier, seigneur de la Tour-du-Bois, Chevreau et la Malleville, *alcade* aux États de 1745 et *commissaire* en 1757.

4. Charles-Claude Bataille de Mandelot, chevalier, seigneur du fief du Petit-Bois.

5. V. plus haut, p. 33, note 2.

6. Louis-Marie-Joseph Frottier, comte de la Coste-Messelière, seigneur de Saint-Vincent, brigadier des armées du roi, reçu aux États de 1763.

7. Claude-Philibert Bernard, chevalier, seigneur de la Vernette, Villars, Cloudeau, la Rochette, St-Maurice, Saint-Martin-du-Tartre, Saule, Collongette et la Serrée, fait chevalier de Saint-Louis le 2 octobre 1758, chevalier d'honneur au bailliage de Mâcon, lieutenant du roi au département du Mâconnais, gouverneur et commandant de Mâcon par lettres du 12 mai 1742.

8. Marc-Antoine, comte de Lévis, chevalier, baron de Lugny, colonel au régiment de Picardie, *commissaire* aux États de 1769.

9. Louis-François de Lamartine, chevalier, seigneur de Montceau, Montculot et de la Tour-Mailly, ancien capitaine au régiment de Monaco, chevalier de Saint-Louis.

10. Claude-Marie du Crest, chevalier, seigneur du Montceau.

11. Pierre-Louis Bridet, seigneur des Miards, Montillet et autres lieux.

12. Jean-Salomon Bernard de Chastenay, chevalier, seigneur de Joux et du Vigneau.

Bernard de Chastenay, seigneur dudit lieu [1] ; de Naturel de Vàletine. [2]

Comté de Bar-sur-Seine. — M. de Frasans d'Avirey. [3]

POUR LE TIERS ÉTAT.

MM. Rousselot, vicomte-maïeur de la ville de Dijon, qui a présidé. [4]

Gouget-Duval, maire de la ville de Seurre, élu du tiers état.[5]

Pour les villes, ont assisté :

Dijon. — MM. Daubenton, avocat au parlement [6] ; Gilbert, procureur, premier et second échevins.

Autun. — MM. Roux, maire de la ville [7] ; Jean-Louis Bouhèret, avocat, premier échevin. [8]

Beaune. — MM. Maufoux, maire [9] ; Pothier, avocat, premier échevin.

Chalon. — MM. Perrault, maire [10] ; Oudin, premier échevin.

---

1. François-Jean-Marie-Bernard de Châtenay, seigneur dudit lieu.
2. Pierre-Marie de Naturel, chevalier, seigneur de Valetine, du Pas, du Verdier et autres lieux, capitaine au régiment royal Lorraine, chevalier de Saint-Louis, *alcade* en 1760.
3. V. plus haut, p. 31, note 4.
4. V. plus haut, p. 33, note 9.
5. V. plus haut, p. 40, note 8.
6. Nicolas-Henry Daubenton, né à Dijon le 30 septembre 1729, reçu avocat au parlement le 17 juillet 1748, nommé commissaire du gouvernement près le tribunal du district de Dijon le 19 novembre 1790.
7. V. plus haut, p. 37, note 3.
8. V. plus haut, p. 15, note 3.
9. Claude Maufoux, maire de Beaune de 1759 à 1776. C'est sous son administration que fut construit (1762-1770) l'arc de triomphe de la porte Saint-Nicolas, œuvre de Nicolas le Noir le Romain. M. Rossignol, *Hist. de Beaune*, dit que le souvenir de ce maire a été conservé par un jeton des États de Bourgogne, frappé en 1782. (V. p. 441 et pl. XI.) Il y a là une double erreur. Le jeton porte la date de 1776 et le nom de J.-Fr. Maufoux, qui succéda à son père dans la mairie de Beaune et fut *élu* en 1775.
10. Claude Perrault, maire de Chalon jusqu'en 1776.

Nuits. — MM. Marey, maire [1]; Durand, premier échevin. [2]

Saint-Jean-de-Losne. — MM. Martene, maire [3]; Maliverné, échevin.

Semur-en-Auxois. — MM. Gueneau de Mussy, maire [4]; Creusot, avocat, premier échevin.

Avallon. — MM. Champion, maire [5]; Boudin, premier échevin.

Montbard. — MM. Daubenton, maire [6]; Jean-Baptiste Carré, premier échevin.

Châtillon-sur-Seine. — MM. Jouard, maire [7]; Michateau, notaire royal, deuxième échevin.

Auxonne. — MM. de La Ramisse, maire [8]; Biestry, docteur en médecine, premier échevin.

Seurre. — MM. Gouget-Duval, maire, élu du tiers [9]; Philippe du Soulier, bourgeois, échevin.

Auxerre. — MM. Baudesson, maire [10]; Billeton, premier échevin.

Bar-sur-Seine. — MM. Pierre Rouget, maire; Pierre Aubert, troisième échevin.

Charolles. — M. Pierre-François Saulnier de la Noue, maire.

---

1. Claude Marey, secrétaire du roi, maire de 1758 au 5 mai 1770, date de sa mort, est connu par les bienfaits qu'il prodigua à ses concitoyens pendant les inondations de 1747 et de 1757. Il sauva de la famine, dit Courtépée, « la moitié des habitants retirés sur le haut de leurs maisons inondées en leur faisant porter sur une barque le pain qu'il faisait cuire chaque jour. (*Description de Bourgogne,* nouv. édit., t. II, p. 367.)
2. N. Durand, échevin depuis 1723.
3. Pierre Martène, maire, *élu* du tiers état en 1739.
4. François Gueneau, écuyer, seigneur de Mussy.
5. Claude Champion, ou Jacob son fils, qui lui a succédé dans la mairie d'Avallon.
6. Pierre Daubenton, né à Montbard le 10 avril 1703, avocat au parlement, maire, châtelain, lieutenant général de police et colonel des armes de la ville de Montbard, mort le 14 septembre 1776, a collaboré à la *Collection académique* et à l'*Encyclopédie*. Il avait épousé Bernarde Amyot.
7. Joseph-François Jouard, seigneur de Gissey-sous-Flavigny, *élu* en 1754.
8. Jean-François de Laramisse, *élu* en 1757.
9. V. plus haut, p. 40, note 8.
10. V. plus haut, p. 33, note 10.

Arnay-le-Duc. — MM. Reffort, maire [1]; Jean Michéa, premier échevin.

Noyers. — MM. Edme Boyer, maire [2], Pierre-Denis Moreau, avocat au parlement, premier échevin.

Saulieu. — MM. Dareau, maire [3]; Raudot, premier échevin.

Flavigny. — MM. Clerc, maire [4]; Guillier, premier échevin.

Talant. — Il n'y a eu aucun député.

Montréal. — Il n'y a eu aucun député.

Mirebeau. — M. Jean Dumay, député par délibération du 6 novembre 1763. [5]

Marcigny. — Il n'y a eu aucun député.

1. Philibert Reffort, avocat au parlement, fils de Pierre, conseiller du roi, président au grenier à sel d'Arnay-le-Duc, fut maire perpétuel de cette ville de 1747 à 1776 et lieutenant du roi en 1767.

Il existe sur les communes de Brazey-en-Morvan, Vianges, Bar-le-Régulier et Manlay, une ancienne voie qui porte encore le nom de *chemin du prince de Condé*. C'est celle que suivit le gouverneur de Bourgogne en se rendant de Paris à Autun pour présider les États de 1763. Le prince passa par Saulieu et suivit la voie romaine jusqu'au chemin dont il s'agit qui la quittait à Brazey et la rejoignait au dessus de l'étang de Barnay. Ce chemin fut-il construit pour la circonstance? On l'ignore. Dans tous les cas, le nom du prince de Condé lui est resté. On avait pensé que ce chemin deviendrait la grande route de Paris à Lyon; dans cette espérance, J.-B. de Mac-Mahon, marquis d'Éguilly, avait fait bâtir près de son château de Vianges de grands bâtiments destinés à un relai de poste. Mais ce chemin fut abandonné à cause de la montée de Vianges, qui était trop rapide. Les bâtiments construits par le marquis d'Éguilly furent renversés, en 1861, par l'ouragan qui dévasta le pays.

La tradition rapporte que le prince de Condé s'arrêta pour déjeuner à Brazey, dans la maison que Philibert Reffort y possédait du chef de sa femme, Jeanne Quarré. Leur fille épousa N. Ménassier, dont la petite-fille, Mme Arnoux, est encore propriétaire de cette maison. (Note communiquée par M. Alphonse de Monard.)

2. Edme Boyer, maire depuis 1763.

3. Jacques Dareau, maire jusqu'en 1765.

4. Jean Le Clerc, ou Guy son fils, qui lui a succédé dans la mairie de Flavigny.

5. Jean Dumay, notaire royal, procureur fiscal, maire perpétuel de Mirebeau de 1754 à 1789, fut, pendant sa longue administration, député par cette ville à toutes les sessions des États généraux de Bourgogne. Il avait épousé Jeanne Heuvrard, qui mourut le 17 juin 1784.

Bourbon-Lancy. — M. Pierre Gai, maire et lieutenant général de police de ladite ville.

Semur-en-Brionnais. — Il n'y a eu aucun député.

Vitteaux. — Gibier, maire [1]; Champy, échevin.

Montcenis. — M. Antoine Venot, maire.

Cuiseaux, Verdun, Saint-Laurent, Louhans, Cuisery. — Les cinq villes ci-contre ne peuvent donner qu'un député entre elles à chaque assemblée des Etats et alternativement, ainsi qu'il a été réglé par décrets des Etats des années 1700 et 1712. Pour la ville de Cuiseaux, qui est en tour, elle n'a point député. M. Debrange [2], maire de la ville de Louhans, ayant demandé place à la chambre, elle lui a été accordée, sous la condition qu'il se retirera s'il parait un député de Cuiseaux avant la clôture des Etats.

Seignelay, Cravant, Vermenton, Saint-Bris, Mailly-la-Ville. — Les cinq villes ci-contre ont droit de fournir alternativement un député aux Etats, suivant l'édit de réunion du comté d'Auxerre au duché en 1668 et conformément à l'art. 10 de ladite réunion, registré au quatrième registre des priviléges, folio 285, pour les quatre premières ; Mailly-la-Ville y ayant été ajoutée par décrets des Etats de 1668 et 1682 et par délibération de la chambre du tiers état du 27 avril 1733, jointe au carnot de ladite chambre et de ladite année. La ville de Mailly-la-Ville, qui est en tour, n'a point député.

Paray, Mont-Saint-Vincent, Toulon, Perrecy. — Les quatre villes ci-contre ont droit de fournir alternativement un député aux Etats, suivant l'édit de réunion du comté de Charollais au duché, du mois de mars 1751 et conformément à l'art. 9 des conditions de la réunion, avec voix délibérative seulement et sans qu'elles puissent prétendre à la voix passive, ni parvenir

---

1. Nicolas-François Gibier, seigneur du Meix-Varange, paroisse de Dompierre-en-Montagne, subdélégué de l'intendant et maire depuis 1763.

2. Claude de Brange, maire jusqu'en 1765, époque à laquelle son fils, Louis-Gabriel-Philibert, lui a succédé.

à l'élection (au huitième registre des priviléges). La ville de Paray, qui est en tour, a délégué M. Rosselin, maire de ladite ville.

Mâconnais. — De Laval, maire de Tournus, élu du tiers état dudit comté [1], et Noly, président de l'élection dudit comté. [2]

---

1. Gaspard-Eugène de Laval, avocat au parlement de Dijon, adjoint à la subdélégation de l'intendance de Bourgogne, maire de Tournus, puis conseiller de préfecture à Mâcon.
2. Emilien Noly, président en l'élection et secrétaire des États du Mâconnais.

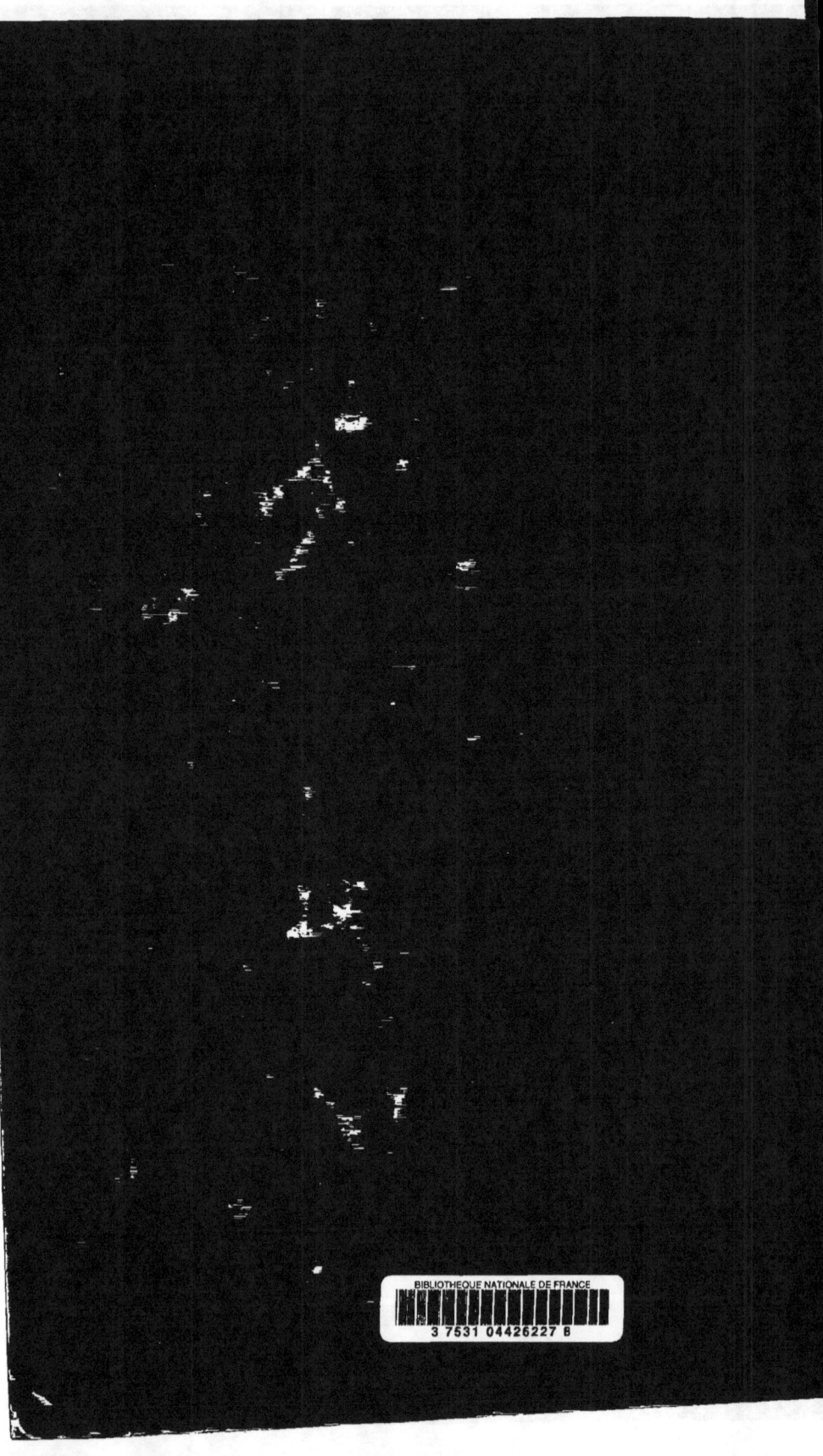

www.ingramcontent.com/pod-product-compliance
Lightning Source LLC
LaVergne TN
LVHW050631090426
835512LV00007B/790